RESEARCH ON PROMOTING
GREEN PRODUCTION MODE
IN PLANTING INDUSTRY

种植业推进绿色
生产方式研究

张 琳 / 著

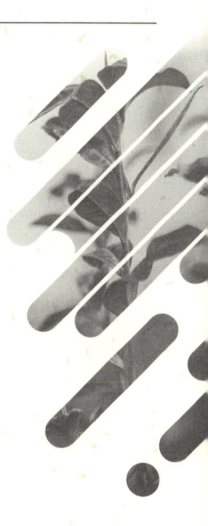

中国财经出版传媒集团
经济科学出版社
Economic Science Press

前　言

　　农村改革 40 年来，随着我国农业现代化进程深入推进，在农业综合生产能力不断加强和农民收入持续增长的同时，以高投入获取高增长的传统农业生产方式也带来了资源过度开发、生态环境恶化、农产品质量安全堪忧等一系列问题，优质安全农产品供给难以有效满足人民日益增长的美好生活需要，转变农业发展方式的重要性和紧迫性日益凸显。中国作为农产品生产大国和消费大国，在现有的自然资源禀赋条件下，要保证农业高质量发展，改变农业生产污染问题，就必须实现农业增长方式由粗放型向集约型转变。我国农业发展已经进入转方式、调结构的新时期，推行农业绿色生产方式，是推动农业供给侧结构性改革的必然要求，是加快推进农业农村现代化、促进农业可持续发展的重大举措。2017 年中央一号文件《中共中央 国务院关于深入推进农业供给侧结构性改革加快培育农业农村发展新动能的若干意见》明确提出"推行绿色生产方式，增强农业可持续发展能力"；2017 年 10 月党中央出台了第一个关于农业绿色发展的纲领性文件《关于创新体制机制推进农业绿色发展的意见》；党的十九大报告把"推进绿色发展、建立健全绿色低碳循环发展的经济体系、加强农业面源污染防治"作为加快生态文明体制改革的主要任务。种植业涵盖了粮食、果、菜、茶等主要农产品，种植业绿色发展是农业绿色发展的基础，关系国家食物安全、资源安全和生态安全，对守住绿水青山、建设美丽中国，维系当代人福祉和保障子孙后代永续发展具有重大意义。因此，种植业推进绿色生产方式研究在当前显得十分必要和紧迫。

　　本书在"种植业推进绿色生产方式研究"（2017 年农业农村部软科学

课题，D201751）、"种植业农户对绿色生产的认知及行为意愿研究"（2018年中央级公益性科研院所基本科研业务费所级统筹项目，161005201803-1）、"粮食安全与发展政策"（中国农业科学院创新工程专项）等课题研究成果的基础上，以种植业绿色生产方式为研究对象，采取定性和定量相结合、理论分析和实证研究相结合的方法，以绿色生产方式研究的理论体系为支撑，重点从理论层面设计我国种植业推进绿色生产方式的模式、路径和机理，从宏观层面对全国不同区域、不同省份的种植业环境技术效率、技术进步、绿色全要素生产率进行比较分析，从微观层面对种植业农户参与绿色生产方式的意愿、认知、行为及其影响因素进行实证分析，进而提出推动我国种植绿色生产发展的政策建议。

本书共分为九章：第一章，导论；第二章，种植业绿色生产的理论依据和内涵特征；第三章，我国种植业推进绿色生产方式的成效和问题；第四章，国内外种植业绿色生产的模式和实践；第五章，我国种植业推进绿色生产方式的路径设计；第六章，我国种植业绿色全要素生产率变化及分解；第七章，农户参与种植业绿色生产的认知、意愿和行为；第八章，加快推进种植业绿色生产方式的政策建议；第九章，调研报告。希望本书的研究内容以及有关政策建议的提出，能够为相关研究学者和政府工作者从事我国农业绿色发展相关工作提供一定的理论依据和决策参考。

在课题研究过程中，中国农业科学院农业经济与发展研究所吴敬学研究员、毛世平研究员、王秀东研究员、杨艳涛研究员、刘静研究员、王国刚副研究员、宋莉莉副研究员、闫琰副研究员、韩昕儒博士、孙玉竹博士提出了宝贵的意见并给予很多帮助和支持，硕士研究生李媛、王佳新在问卷调研中，硕士研究生李琼华、张诗靓在书稿整理校对中都做了大量的工作，在此一并表示由衷的感谢！由于笔者水平有限，本书内容难免会存在一些疏漏和欠缺，敬请广大读者批评指正。

张 琳

2019 年 9 月

目录

Contents

第一章　导论 ……………………………………………… 1

　　一、研究背景 / 1

　　二、研究目的和意义 / 3

　　三、研究综述 / 4

第二章　种植业绿色生产的理论依据和内涵特征 …………… 11

　　一、种植业绿色生产的理论依据 / 11

　　二、种植业绿色生产的内涵及特征 / 23

第三章　我国种植业推进绿色生产方式的成效和问题 ………… 27

　　一、我国种植业绿色生产发展取得的成效 / 27

　　二、我国种植业绿色生产发展面临的问题 / 32

第四章　国内外推进种植业绿色生产的模式和实践 …………… 40

　　一、发达国家和地区种植业推进绿色生产的模式和经验 / 40

　　二、我国种植业推进绿色生产发展的模式和实践 / 55

第五章　我国种植业推进绿色生产方式的路径设计 …………… 67

　　一、技术创新 / 67

二、科技服务 / 69

三、机制体制创新 / 71

四、产业链延伸 / 73

五、功能拓展 / 74

第六章　我国种植业绿色全要素生产率变化及分解 ………… **76**

一、种植业绿色全要素生产率的理论分析与模型构建 / 76

二、种植业绿色全要素生产率测算的数据来源与变量解释 / 79

三、我国种植业绿色全要素生产率变化及分解的比较分析 / 81

四、主要结论与建议 / 87

第七章　农户参与种植业绿色生产的认知、意愿和行为 ……… **88**

一、农户参与种植业绿色生产的调研情况分析 / 88

二、农户参与种植业绿色生产的认知、意愿和行为状况分析 / 92

三、农户对种植业绿色生产的认知及其影响因素分析 / 99

四、农户参与种植业绿色生产的意愿及其影响因素分析 / 104

五、主要结论与建议 / 109

第八章　加快推进种植业绿色生产方式的政策建议 …………… **111**

一、注重绿色生产宣传教育，提高绿色生产认知和理念 / 111

二、做好绿色农业示范区创建，总结绿色农业实践经验 / 112

三、加强绿色农业关键技术攻关，引领种植业绿色转型 / 112

四、完善绿色农业法律法规体系，强化绿色生产制度保障 / 113

五、健全农业绿色发展支持政策，激励主体参与绿色生产积极性 / 114

第九章　调研报告 ………………………………………………… **115**

一、甘肃民勤生态节水农业发展调研报告 / 115

二、房山窦店现代循环农业发展调研报告 / 128

参考文献 ……………………………………………………………… **139**

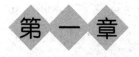

导　论

一、研究背景

（一）传统农业生产方式是不可持续的，绿色生产方式是促进当前我国农业农村发展的新动能

改革开放以来，我国农业取得了巨大成就，但也付出了巨大代价。长期以来，以"石油农业"为代表的传统农业，由于采用了高投入、高产出、高污染、低效益为特征的"三高一低"粗放型模式，造成了资源耗竭及环境污染。一方面，农业的高速增长依赖于自然资源的大量投入。我国农业一直是水资源最大的使用者，全国可利用水资源的60%以上都是用于农业生产。随着工业化和城市化水平的不断提高，有学者预测到2030年，中国单位面积农业产值增长率将因为水资源短缺要比2006年降低2.66%。另一方面，我国农业的发展因为化肥、农药等现代化学要素的大量施用而产生了严重的农业面源污染问题。全国第一次污染源普查表明，农业总化学需氧量（CODcr）、总氮（TN）排放量和总磷（TP）排放量分别为1324.09万吨、270.46万吨和28.47万吨，分别占总排放量的43.7%、57.2%和67.4%，农业面源污染已成为环境保护的控制关键。这种靠高投入获取高增长的传统农业生产方式是不可持续的，我国政府已明确提出了

要转变农业发展方式，促进传统农业向现代农业转变，秉承资源节约型和环境友好型的"两型农业"的理念，要求在保证农业经济快速发展的同时减少资源浪费和降低环境污染，形成一种优质的农业经济发展模式。与传统农业发展方式相比，现代农业发展方式的最大区别在于注重要素投入以外各种因素对产出的贡献，依靠全要素生产率驱动，从根本上跳出高投入、高增长的发展路径。这些因素包括技术进步、结构优化、制度创新、效率改善等，除了要求资源节约外，还要求环境友好。将环境约束纳入全要素生产率框架（将其定义为绿色生产率），兼顾资源、环境与发展三者的关系。因此，绿色生产方式是促进当前我国农业农村发展的新动能，实现我国传统农业向现代农业转变必须依靠绿色生产方式，要落实绿色发展理念，进一步在全要素生产率驱动的基础上实现绿色生产率驱动，促进环境质量和生产率共同提高。

（二）增加绿色优质农产品供给是农业供给侧结构性改革的首要任务，种植业推进绿色生产方式是保障我国农产品安全供给的前提

2016 年中央农村工作会议提出，促进农业农村发展由过度依赖资源消耗、主要满足"量"的需求，向追求绿色生态可持续、更加注重满足"质"的需求转变。在我国农业供给侧结构性改革中，把增加绿色优质农产品供给放在突出位置，狠抓农产品标准化生产、品牌创建、质量安全监管；我国农业要围绕"提质增效转方式、稳粮增收可持续"，农业的内涵要从数量供给发展到质量、效益和竞争力的供给，农产品供给端开始追求差异化、品质化和绿色原生态化供给等。因此种植业推行绿色生产方式在推进农业供给侧结构性改革的主要途径中，将扮演关键的角色。促进农业向绿色发展转型，实现农业可持续发展，保障从田间到"舌尖"的安全，以绿色、安全、高品质的农产品满足群众消费升级的需求，是我国农业供

给侧结构性改革的关键。通过机制体制创新、科技创新、构建绿色生产体系、打造绿色全产业链等使绿色生产方式真正成为农业农村发展真正可持续的动能。

（三）推动绿色发展和建设美好生态环境是我国生态文明体制改革的重要方面

绿色生产方式所要解决的核心问题与任务是改变原有的"资源消耗大、环境污染重"的增长模式，推动经济发展方式向绿色发展、循环发展、低碳发展转变，实现人与自然的和谐共处。党的十九大报告提出，我们要建设的现代化是人与自然和谐共生的现代化，既要创造更多物质财富和精神财富以满足人民日益增长的美好生活需要，也要提供更多优质生态产品以满足人民日益增长的优美生态环境需要。要着力解决突出环境问题，加快水污染防治，强化土壤污染管控和修复，加强农业面源污染防治，开展农村人居环境整治行动。农业生产方式对自然环境具有双刃剑的作用。一方面，由于种植业生产带来的面源污染（包括对水体及土壤的污染），对经济效益与生态效益造成直接与间接的损失，造成农村饮用水水质恶化和食品安全等问题，对农村和城市居民健康和人力资本造成损失；由于农村生活污水和农村固体废弃物的任意排放，造成农村的居住环境恶化等。另一方面，通过种植业推进绿色生产方式，解决好农业面源污染的问题，将"绿水青山"还与广大农村和农民，将美丽田园变成城乡居民休闲养身的栖息之地，以农业的多功能性，满足人民日益增长的优美生态环境的需求，将"绿水青山"变成"金山银山"。

二、研究目的和意义

在上述背景下，本书以"种植业推进绿色生产方式研究"为选题，以绿色生产方式研究的理论体系以及种植业绿色生产方式的内涵界定为支撑，在分析我国推进种植业绿色生产方式的现状和问题基础上，借鉴发达国家和地区推进绿色农业生产方式的成功经验，总结国内各地种植业推进绿色生产实践的主要模式，设计我国种植业推进绿色生产方式的路径和机理，从宏观层面对全国不同区域、不同省份的种植业环境技术效率、技术进步、绿色全要素生产率进行测算和对比分析，从微观层面运用问卷调查与计量经济方法，对种植业农户推进绿色生产方式的意愿、认知、行为及其影响因素进行实证分析，最后提出加快推进种植业绿色生产方式的政策建议。

本书对新时期我国农业转变发展方式，加快推进农业农村现代化，增加绿色优质农产品供给，促进种植业向绿色发展转型，推动农业可持续发展，加快我国生态文明建设，实现我国农业发展的社会效益、生态效益、经济效益协调统一，具有广泛的应用价值和实践指导意义。研究成果拟对政府部门制定我国农业绿色发展战略及政策提供相关的决策支持依据。

三、研究综述

（一）绿色农业发展进程相关研究

国内学者刘子飞（2016）等的研究将绿色农业发展分为三个阶段：20世纪80年代到2002年为绿色农业准备发展阶段，随着农业生态环境的退化和发达国家替代石油农业的兴起，我国开始推行生态农业，开展生态农业试点，发展绿色食品；2003～2007年为绿色农业迅速发展阶段，2003年10月，中国绿色食品协会在"亚太地区有机农业与绿色食品市场通道建设"国际研讨会上，首次公开提出"绿色农业的科学概念"，标志着中国绿色农业进入正式发展阶段，之后几年我国不断加强对外交流合作，绿色农业发展迅猛；2008 年至今为绿色农业进入稳定发展阶段，并利用灰色系统预测模型［GM（1，1）］、Logistic 曲线函数模型和指数增长曲线模型三种方法预测绿色农业在未来仍具有较大的发展潜力。

随着绿色农业研究的深入，绿色生产方式作为推进绿色农业的重要组成部分，也得到了越来越多的关注，国内众多学者对农业绿色生产方式做了进一步的研究。潘丹（2014）将资源和环境因素引入传统的农业生产率分析框架，得出资源消耗和环境污染已经对中国的农业发展造成了较大的效率损失的结论。随着石化农业带来的负面影响日益凸显，绿色生产的概念迅速兴起。李谷成（2014）提出农业增长要处理好资源、环境与发展的关系，协调资源、环境、发展的矛盾，依靠绿色生产转变农业的发展方式，通过实现绿色生产率革命推动农业发展。谭秋成（2015）认为由于农业被纳入整个社会分工体系、农业内部种植业和畜牧业分离、农村劳动力纳入市场，导致传统农业正在逐渐解体，绿色农业将成为一种新的生产方式。然而目前由于技术条件、体制机制、农民自身等多种因素的限制，我国农业仍处于由石油农业向绿色农业的过渡阶段。

（二）农业绿色生产必要性和产生效应相关研究

发展绿色农业是当今世界可持续发展的需要，大力发展绿色农业具有深远的意义。国内众多学者对农业绿色生产的必要性和产生效应做出相关分析。绿色生产方式的实施在保护资源环境的同时还可以有效提升农作物产量。李丹（2012）通过对贵州省水稻生产过程中防控技术评估实验的研究发现，常规防控区和不防治区的增产效率明显低于绿色防控区。邓明君（2016）采用碳排放系数法对中国小麦、玉米、水稻三大粮食作物化肥施用碳排放时空演变与碳减排潜力进行测算，得出测土配方是非技术对部分区域三大粮食作物种植化肥施用的单位产品排放量下降有一定作用。

绿色生产方式作为一种新生产方式还能产生积极的社会效应。徐敏权

（2016）通过研究国内外农产品绿色生产技术应用状况，提出创新农产品绿色生产机制，有助于提升农产品安全水平与质量价格水平。杨致瑷（2017）提出绿色生产方式是实现农业发展绿色转型和供给侧结构性改革成功与否的关键，推进农业绿色生产方式有利于保护生态环境，促进生态文明建设；推进农业科技创新和农业产业化进程；突破绿色壁垒，增强我国农产品国际竞争力；提高农产品质量，增加农民收入。郑风田（2017）提出促进农业绿色发展转型是农业供给侧结构性改革的关键，推行绿色生产方式，有效促进农业可持续发展。

（三）绿色农业发展实现路径相关研究

实现农业绿色发展的两个重要途径是技术创新与制度创新。技术创新可以帮助人们遵循与利用生态规律进行农业生产，提高资源利用效率和生态系统的生产力，提高农业生产的经济效益与生态效益。制度创新有利于农业绿色发展中外部性内在化，激励人们进行绿色技术创新，促进绿色农业发展。制度创新能够有效促进技术创新，技术创新为制度创新提供保障。

王绍凤（2008）设计了中国绿色农业发展模式，从绿色种植业要素、结构及运行对绿色种植业技术体系进行构建，同时还对绿色农业技术评价指标体系进行构建。目前我国已经有相关的绿色农业管理机构和标准体系，包括中国绿色食品发展中心、中国绿色食品协会。韩长赋（2017）提出推进农业绿色发展，要健全农业绿色发展的支持政策，强化农业绿色发展的科技支撑，培育农业绿色发展的经营主体。建立农业绿色发展的监测评价体系。实行果菜茶有机肥替代化肥行动，东北地区秸秆处理行动，农膜回收行动。郑风田（2017）提出绿色生产要以体制改革和机制创新为根本途径，把提高农产品质量放在突出位置，国家应该通过补贴等宏观政策加强对绿色生产的激励与引导。政策上要强制实行配方施肥技术，强制实施秸秆还田，取消农资直补。加强废旧农膜的收购力度，对农民购买可降解农膜实施补贴。大力推广节水工程，制订相关政策扶持节水产品和节水技术。同时还要加快科技创新保障政策的实施。

为确保农产品质量安全，我国正不断加强农产品质量安全体系建设。截至 2011 年，中国绿色食品发展中心在地方组建了 36 个省级工作机构，并在全国定点委托了 60 个绿色食品产品质量检测机构、65 个绿色食品产地环境监测机构，形成了一个覆盖全国的绿色食品管理体系。其中"三品一标"作为绿色生产机制体制的核心内容，受到国内学者的广泛关注。李庆江（2014）提出"三品一标"是绿色生产的具体形式，即无公害农产品、绿色食品、有机农产品和农产品地理标识。他认为这种形式农业投入品使用科学合理，注重数量、质量、效益的协调发展，能够有效的促进农业生态环境保护、增强了生产者绿色生产意识、促进农业生产方式转变、提升农产品质量安全水平，有效推进了绿色生产的发展。应稳步扩大"三品一标"规模，实现加强控制过程，推广应用先进新技术促进"三品一标"的发展。在此基础上，以绿色生产为视角分析"三品一标"的发展成效，包括有效度保护了农业生产环境、提高生产者意识、改变了传统的农业生产方式、提高了产品的安全性（徐光敏，2017）。

（四）农户认知、意愿和采纳行为相关研究

农户作为绿色农业技术的微观主体，其采纳行为是影响我国绿色农业能否顺利发展的关键。国内学者从不同角度解释了关于影响农户采纳绿色技术因素，主要集中在两个方面：一方面是农户对绿色生产的认知影响的研究；另一方面是农户对在生产过程中采纳的绿色技术自觉行为的研究。

郜亮亮（2011）通过调查耕种自家地和转入地的农户的样本，比较农户在其上的有机肥投入，发现农户在自留地上使用有机肥的决策、施用量多于在流转土地上。得出土地使用权的稳定性影响农户对土地的投资的结论。但随着非农就业机会的增加，使有机肥在土地上的使用量均有所减

少。张春梅（2014）通过对吉林省大安市绿色水稻种植户进行问卷调查。成本投入、销售的不稳定性、绿色认证的问题是影响农民种植绿色水稻积极性的关键因素。常向阳（2015）利用江苏省183户农户的实地调查数据，基于选择实验法，分析了农户化肥与农药选择行为偏好，发现农户更偏好于添加酸性混合物的化肥和有添加剂的农药，对化肥的环保认证偏好程度低，对化肥和农药的售后服务或指导的偏好程度低，对农药保质期的偏好程度低。吴雪莲（2017）通过对湖北水稻生产农户绿色农业技术采纳的调研分析得知，绿色农业技术在宣传和推广程度上并不理想，农户对绿色农业方式的关注程度严重偏低，但农户自身意识到环境和自身健康的重要性，渴望获得绿色农业生产技术。檀勤良（2014）认为绿色生产技术的难易程度是影响行为采纳的关键因素。

许多学者还发现农户的意愿与采纳行为相背离。刘丽红（2014）通过对青岛农民绿色生产的认知度和行为现状的调查发现，农民在生产过程中自觉保护环境的意识，这种意识受到年龄、性别以及文化水平的影响，一些受过教育的青年愿意选择绿色生产方式，但实际的绿色生产行为却相对缺乏，其中经济效益是制约农民进行绿色生产实践的重要因素。余威震（2017）通过Logistics对农户生产技术采纳意愿与行为背离的影响因素进行实证分析，发现农户绿色认知差异是导致有机肥技术采纳意愿与行为背离的重要原因之一。表层直接因素是生态环境政策认知、化肥减量行动认知，中间层间接因素是绿色生产重要性认知，深层根源问题是性别、年龄、从众心理、土壤肥力以及种植规模。

（五）绿色全要素生产率相关研究

19世纪50年代，索洛（Solow）提出了具有规模报酬不变特性的总量生产函数和增长方程，形成了全要素生产率（total factor productivity，TFP）的含义。自索洛提出全要素生产率是投入要素之外驱动经济增长的重要引擎之后，全要素生产率被广泛应用于新古典经济增长的核算中（陈诗一，2010）。然而，传统全要素生产率的度量仅考虑资本和劳动等生产要素的投入约束，而忽略了对资源环境的消耗。近年来，我国农业的快速发展造成了污染加剧、水土流失、环境破坏等一系列问题都迫切要求在农业测算过程中充分考虑资源环境的因素。为了衡量考虑环境代价的经济增长，学者们（Oskam，1991；Mohtadi，2003；李俊、徐晋涛，2009；张林等，2015）将资源与环境因素纳入农业生产率的核算体系中，形成绿色全要素生产率（green total factor productivity，GTFP）的概念并加以测算其水平。随着这一概念的快速发展，学者们利用 GTFP 来衡量中国省际之间的农业发展状况。如李谷成等（2011）对 1979~2008 年中国分省农业绿色全要素生产率进行了实证研究；葛鹏飞等（2017）对 2011~2015 年中国 31 个省份的农业绿色全要素生产率；李文华等（2018）测算了中国 1999~2015 年农业绿色全要素生产率的增长与分解情况，并针对收敛性问题进行测算。

对于全要素生产率的测算，国内外学者大多采用索洛余值法、非参数的数据包络分析（DEA）和参数的随机前沿分析（SFA）三种方法（全炯振，2009）。20 世纪 90 年代以后 DEA 和 SFA 两种方法成为主要的测度工具。其中，石慧等（2008）、全炯振（2009）、李谷成等（2010）运用 SFA 方法对农业全要素生产率进行了全面测算。周（Zhou，2015）等将污染量作为一种负要素投入，利用 SFA 方法合算了中国生猪产业的技术效率和环境效率。展进涛等（2019）运用 SFA 方法研究了 2000~2015 年考虑碳排放成本的中国农业绿色生产率变化状况，并发现农业绿色全要素生产率与粮食安全之间存在双向因果关系。但是，由于 SFA 具有固定的函数特征，容易造成设定上的误差，而 DEA 相对 SFA 来说，具有良好的函数测定体系，能从一定程度上降低误差，因此得到了广泛的应用。DEA 方法是 1978 年由沙尔内（Charnes）等创建的一种非参数的统计评估办法，因该方法能够解决多投入多产出的效率测量问题而被广泛采纳。随后，卡夫（Caves，1982）等将 Malmquist 指数应用于生产率变化的测算，费尔（Fare，1994）

等将 DEA 与 Malmquist 指数相结合，形成非参数增长核算方法。我国学者（陈卫平，2006；方福前等，2010；王炯等，2012）均利用 Malmquist 指数对农业数据进行加总分解，结果一致认为技术进步是推动农业全要素生产率的重要因素。在 Malmquist 指数基础之上，钟（Chung，1997）等利用方向性距离函数（directional distance function，DDF）提出了一个新的生产率函数——Malmquist-Luenberger（ML）指数，这一运算方法将各种非期望产出考虑进运算过程中，近些年被逐渐引入农业领域，用来核算农业绿色全要素生产率。其中，杨俊等（2011）、潘丹等（2013）、刘战伟（2015）采用基于 DDF 函数的 ML 指数法测算了考虑资源环境因素的 TFP 增长及其分解情况，为我国加强农业管理，发展绿色生态农业提供了理论依据。之后为了克服径向、角度 DEA 模型计算结果不准确的缺陷，学术界纷纷采用非径向、非角度的 DEA 模型对绿色全要素生产率进行测算。如李谷成（2014）采用非径向、非角度方向性距离函数（SBM）和 ML 指数，研究了 1978～2008 年中国的农业绿色生产率发展状况及其背后的制度因素。梁俊等（2015）利用非径向非角度的 DEA 模型和 Luenberger 指数，计算了中国农业绿色全要素生产率的增长，并分析其影响因素。

（六）简要评述

通过上述的文献回顾可以得知，现有研究主要集中于绿色农业技术和绿色农产品两个方面，关于种植业绿色生产方式的针对性研究较少，特别是对化肥、农药等投入品使用，农作物秸秆、农膜等废弃物处理利用，农作物灌溉方式等种植业绿色生产情况的全面系统研究有待加强。本研究对种植业推进绿色生产方式的国内外实践模式进行梳理，研究设计我国种植业推进绿色生产方式的路径，测算我国不同区域种植业绿色全要素生产率，运用问卷调查法对农户参与种植业绿色生产方式的认知、意愿和行为进行定量分析，并提出我国加快推进种植业绿色生产方式的政策建议。

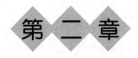

第二章

种植业绿色生产的理论依据和
内涵特征

  种植业绿色生产是以符合农业生态经济规律的方式发展种植业，它顺应了农业农村发展新形势、新要求，能够深入推进农业供给侧结构性改革以及加快推进生态文明建设。推进种植业绿色生产，首先要建立在对农业生态经济系统运行基本规律和特征系统认识和分析的基础上，并以此作为指导种植业绿色生产实践发展和模式创新的理论依据。种植业绿色生产的理论基础非常广泛，涵盖了生态学、环境学、经济学、可持续发展理论、绿色农业理论等方面。本章从新古典经济增长理论等相关经济学和生态学基本理论入手，探寻种植业推进绿色生产方式的理论依据，并对种植业绿色生产的内涵与特征进行合理界定。

一、种植业绿色生产的理论依据

（一）新古典经济增长理论

  古典经济学派认为，土地、劳动、储蓄、资本等能够促进经济增长。新古典经济学派相对于古典经济学派来说，更加关注技术进步、资本等内生因素的影响，普遍认为技术进步可以促进经济增长。

1. 技术增长理论

新古典增长模型建立在一个新古典生产方程体系之上，强调在一个封闭的没有政府的经济中，储蓄、人口增长及技术进步对增长的作用，它关注的焦点是经济增长的直接原因。在考虑到技术进步后，新古典增长模型可以解释一些国家生活水平的持续提高。技术进步会引起人均产出的持续增加，一旦经济处于稳定状态，人均产出的增长率只取决于技术进步的比率。根据新古典增长理论，只有技术进步才能解释生活水平的长期上升。

2. 内生因素促进经济增长

内生增长理论认为，增长率由增长模型本身决定，而且是由模型的内生变量决定；技术进步能促进经济增长；采用演化的观点，只是把时间作为唯一的外生变量，把增长看作以前增长历史的路径依赖。在引进技术创新、专业化分工和人力资本之后，内生增长理论得出以下结论：技术创新是经济增长的源泉，而劳动分工程度和专业化人力资本的积累水平是决定技术创新水平高低的最主要因素；政府实施的某些经济政策对一国的经济增长具有重要的影响。

新古典经济增长理论对种植业推进绿色生产方式的启示：推进农业绿色生产方式的一个重要途径就是技术创新，农业绿色发展对技术进步提出更高的要求，必须是同时有利于保障人类食物供给与生态安全，如循环农业技术、水肥一体化技术、资源化利用技术等，通过种植业推广运用绿色农业生产技术，充分利用农业生产的生态规律来提高系统的生产力，促进农业生产方式的变革，让绿色生产方式成为当前农业农村发展的新动能。

（二）全要素生产率与绿色全要素生产率

全要素生产率系新古典学派经济增长理论中用来衡量纯技术进步在生产

中的作用指标的又一名称，从 20 世纪 60 年代以来发展的增长核算中，作为长期经济增长来源的一个组成部分。全要素生产率是指在排除了资本、劳动等生产投入要素以外，其他所有投入要素的贡献总和，是衡量技术效率和技术进步状况的关键指标，它能有效评价经济增长的质量问题。然而，传统的全要素生产率还存在一个缺陷：核算过程中未考虑资源和环境因素的影响，测算结果会出现偏差。与传统农业发展方式相比，现代农业发展方式的最大区别在于注重要素投入以外各种因素对产出的贡献，依靠全要素生产率驱动，从根本上跳出高投入、高增长的发展路径。这些因素包括技术进步、结构优化、制度创新、效率改善等。但其除了要求资源节约外，还要求环境友好。经济学常将环境污染物视作具有非市场性质的非合意产出，传统的全要素生产率分析仅考虑了具有市场性质的合意产出和传统生产要素，无法考虑环境约束对产出及生产率的影响。因此，如果能在传统 TFP 框架中纳入环境约束，那么就可以兼顾资源、环境与发展三者的关系。我们将环境约束下的全要素生产率定义为绿色生产率（green total factor productivity，GTFP），GT-FP 可以通过两个思路来核算：一是将污染治理费用视作要素投入，与一般要素投入一起纳入传统核算框架生产合意产出；二是将环境污染物视作一种不受欢迎的非合意产出或副产出，与合意产出一起纳入多产出模型被生产出来。这样，绿色 TFP 框架使得捕捉环境污染的真实经济效应成为可能，将资源节约、环境保护与经济发展纳入一个统一框架。

绿色生产率框架是对传统 TFP 分析的扩充和发展，实质上为中央政府提出的"资源节约型、环境友好型"农业理念提供了一个替代性分析框架，绿色全要素生产率成为衡量种植业绿色发展的技术效率和技术进步状况的关键指标，通过提高绿色全要素生产率来促进环境质量和农业生产率的共同提高。

（三）环境库兹涅茨曲线

库兹涅茨曲线（Kuznets curve）是 20 世纪 50 年代诺贝尔奖获得者、

经济学家西蒙·史密斯·库兹涅茨（Simon Smith Kuznets）用来分析人均收入水平与分配公平程度之间关系的一种学说。研究表明，收入不均现象随着经济增长先升后降，呈现倒"U"型曲线关系。当一个国家经济发展水平较低的时候，环境污染的程度较轻，但是随着人均收入的增加，环境污染由低趋高，环境恶化程度随经济的增长而加剧；当经济发展达到一定水平后，也就是说，到达某个临界点或称"拐点"以后，随着人均收入的进一步增加，环境污染又由高趋低，其环境污染的程度逐渐减缓，环境质量逐渐得到改善，这种现象被称为环境库兹涅茨曲线（environmental kuznets curve，EKC）。

环境库兹涅茨曲线提出后，环境质量与收入间关系的理论探讨不断深入，丰富了对 EKC 的理论解释。这些理论研究表明，在收入提高的过程中，随着产业结构向信息化和服务业的演变、清洁技术的应用、环保需求的加强、环境规制的实施以及市场机制的作用等，环境质量先下降然后逐步改善，呈倒"U"型。环境库兹涅茨曲线可以简而言之为污染在低收入水平上随人均国内生产总值增加而上升，在高收入水平上随国内生产总值增长而下降。当经济改善时，人们的物质生活可以得到改善，社会大众就会开始注意并推动环境污染、生态破坏等与人类生存发展密切相关的事情。环境质量的改善有赖于全社会环保意识的提高，有利于限制环境污染的政策实施，同时也需要先进的技术进步的支持。

环境库兹涅兹曲线理论为绿色发展提供了理论支撑，随着人民收入水平的不断提高，当前我国社会的主要矛盾已转化为人民日益增长的美好生活需要和不平衡不充分的发展之间的矛盾，美好生态环境及优质安全的农产品是广大居民群众美好生活需要的重要部分。推进种植业绿色生产方式，解决好农业面源污染问题，将合理开发与利用有机结合，发挥农业多功能性，维持良好的生态及社会环境，实现农业农村绿色健康可持续发展。

（四）生态经济、绿色经济、低碳经济、循环经济与可持续发展理论

生态经济理论、绿色经济理论、低碳经济理论、循环经济理论与可持续发展理论五种理论都是在工业化进一步发展、环境污染日益严重，人口发展日益增多、自然资源日益短缺，人口、资源、环境的矛盾越来越突出的背景下，为解决这些问题而发展起来的经济理论和经济发展模式。这五种理论从本质上讲可谓一脉相承，都是为推进绿色发展，实现人类社会可持续发展的理论，是一种可持续发展战略举措和运行模式。推进种植业的绿色生产是一个较新的领域，需要以生态经济、绿色经济、低碳经济、循环经济与可持续发展理论作为理论基础，积极探寻种植业绿色生产道路。实质上来讲，种植业绿色生产的基本思路为坚持生态、绿色、低碳、可持续发展，以高新技术为支撑，遵循经济效益、社会效益、生态效益相统一的原则，高效循环利用农业资源，降低农业生产耗能，减少农业废弃物排放，清洁化农业生产，绿色化消费，为人民提供绿色、有机、无公害的安全农副产品或食品，保障人民安全、幸福、健康，促进社会和谐发展。

1. 生态经济理论

全球经济迅速发展产生了诸如资源耗竭、环境污染破坏严重、土壤退化、生物多样性减少等众多生态环境问题。面对上述问题，仅仅从单一的生态学或经济学的角度来研究并不足以找到问题的解决途径。因此，必须将生态学和经济学紧密结合起来进行系统分析研究，才有可能从中找到既发展社会经济又保护生态环境的办法。生态经济学是生态学和经济学这两门学科的交叉融合。20 世纪 60 年代，美国经济学家鲍尔丁（K. Bowlding）在《一门科学——生态经济学》中首次提出了"生态经济学"这一概念。随着"生态经济学"这一概念的提出，研究视野逐渐转移到这一领域。之后，英国著名生态学家、生态经济学家爱德华·哥尔德史密斯发表了《我

们需要一种新的经济学》，苏联的查伊尔采夫教授出版了《生态经济学概论》等著作，联合国环境规划署确定将"环境经济"作为《环境状况报告》的第一项主题，这一系列成果的发表表明生态经济学作为一门新型的综合性科学，逐渐得到人们认知和关注。

生态经济学与生态学和经济学密切相关，它是运用生态学的思想来发展经济，按照生态学原理，将生态系统与经济系统融为一体，实现生态良性循环、经济可持续发展、生态环境与经济社会的协调发展。对于生态经济学的内涵，罗伯特·科斯坦认为生态经济学是一门从最广泛的领域阐述经济系统与生态系统之间关系的学科，重点在于探讨人类社会的经济行为与其所引起的资源与环境变化之间的关系，是一门由生态学和经济学相互渗透、有机结合形成的具有边缘性质的学科。王松霈认为生态经济学的核心理论是生态与经济的协调理论，它是在工业社会向生态社会转变的过程中产生的，它以生态社会中生态与经济的内在矛盾运动为动力，已实现生态社会中社会经济的可持续发展为目的。腾有正则认为，生态经济学是研究生态经济系统的运动发展规律及其机理的科学，是一门兼具理论和应用双重性的科学。总之，生态经济理论是研究社会再生产过程中，经济系统与生态系统之间物质循环能量转化和增值规律及应用的学科，简单地说，就是人与自然和谐相处的问题。生态经济学将生态系统与经济系统有机结合，相互作用，致力于维护生态、经济、社会三者及其子系统的协调与可持续发展，共同建立一个以资源环境承载力为基础的可持续发展的和谐社会。

依据生态经济学的观点，农业生产系统是农业经济系统与农业生态系统相互融合、相互依存、相互转化的复合系统，它将农业的自然属性与社会属性统一起来，克服了两者相脱离的弊端。生态经济强调农业的绿色、低碳、循环模式，而种植业绿色生产也以生产绿色化、安全化、环境友好化为重点。两者之间有极大的相似性，它们的目标都是实现人类社会的可持续性发展。种植业在推进绿色生产的过程中，要求以生态经济的观点看待问题、解决问题，利用生态经济的视角去促进农业与社会发展之间的良性循环。因此，生态经济学可以成为推进种植业绿色生产的理论基础之一。

2. 绿色经济理论

随着现代社会工业化的发展，自然资本日益稀缺，环境污染问题也越来越严重，人口、资源、环境之间的矛盾越来越突出；与此同时，人们越来越单纯地追逐经济指标的增长，大量资本被用于资源开发，很少投入到环境保护、改善生态中。资金的不合理使用使得经济发展不可持续，甚至受到重创。为了解决这一问题，世界各国纷纷走上发展绿色经济之路。1989 年英国环境经济学家大卫·皮尔斯（David Pierce）出版了著作《绿色经济蓝图》，第一次提出了绿色发展的概念，阐述环境保护和改善的问题，讨论经济发展与环境保护的相互作用。2008 年，联合国秘书长潘基文在联合国气候变化大会上呼吁各国大力发展绿色经济，实施"绿色新政"，以应对气候变化和经济的双重危机。目前，美、英、日等多国政府纷纷进行绿色行动，中国也提出了以人为本，全面协调的可持续发展观，建立有效的绿色经济政策体系。

绿色经济是以资源节约型和环境友好型经济为主要内容，资源消耗低、环境污染少、产品附加值高、生产方式集约的一种经济形态。绿色经济是一种生态化的经济，是以绿色为特征和目标，集经济发展过程中节约、低碳、循环、生态保护为一体的系统工程，是实现可持续发展的一种经济形态。绿色经济的本质是以生态经济协调发展为核心的可持续发展经济，它的研究对象是自然界的绿色系统与人类社会的经济系统相互作用、相互渗透的符合绿色经济系统的运动规律。绿色经济将经济规律与自然绿色的要求相互结合，适应了现代经济和社会可持续发展的客观要求。绿色经济理论是绿色经济的理论形态，是在理论层面探讨经济效益、环境效益和社会效益的最优化，强调保护自然环境、优化生态资源与提高经济效益的内在统一性，对环境保护和经济发展均起到支持和指导作用。

种植业的绿色生产是通过绿色的农业生产方式，为社会提供健康、优质的农业产品，促进社会与生态环境的绿色发展。推动种植业绿色生产就是对传统的农业生产方式进行改造，以提高农业的综合效益，实现环境、经济、社会效益的统一。绿色经济理论强调了经济系统与绿色系统的有机结合与协调发展，把绿色经济建设这一理念融入种植业绿色生产的发展过程之中，完善了种植业绿色生产的理论界面和内涵，使绿色成为两者的共同目标和主题。绿色经济理论的技术、管理思想也为发展种植业绿色生产提供了技术支撑和先进的管理经验。

3. 低碳经济理论

随着工业化的快速发展，煤、石油等高能耗资源被过度开采和使用，二氧化碳等气体被毫无节制的排向空气中，资源被过度消耗的同时空气环境也受到了严重的破坏，造成了温室效应。从全球范围来看，节能减排成为各国经济社会发展亟须面对的一个重大挑战。1979 年在第一次世界气候大会上，气候变化作为一个引起国际社会关注的问题被提上议事日程。1988 年，联合国建立了政府间气候变化专门委员会（IPCC），监测和报告全球气候变化。1992 年 6 月，150 多个国家制定了《联合国气候变化框架公约》。1997 年 12 月，在《联合国气候变化框架公约》大会上通过了《京都议定书》，提出采取市场机制来解决环境问题的思路，并规定部分发达国家和经济转型国家量化减排指标。2003 年 2 月 24 日，英国首相布莱尔（Blair）发表《我们未来的能源——创建低碳经济》白皮书，首次提出"低碳经济"这一概念。近些年来，各国大力呼吁向低碳经济转型，低碳经济已经逐渐成为国家竞争力和企业竞争力的重要体现。

低碳经济是指在可持续发展理念指导下，通过技术创新、制度创新、产业转型、新能源开发等多种手段，尽可能地减少煤炭、石油等高碳能源消耗，减少温室气体排放，达到经济社会发展与生态环境保护双赢的一种经济发展形态。实现低碳经济不仅意味着制造业要加快淘汰高能耗、高污染的落后生产能力，推进节能减排的科技创新，而且意味着引导生产者那些浪费能源、增排污染的不良嗜好。低碳经济试图通过更少的自然资源消耗和更少的环境污染，获得更多的经济产出，其核心是能源技术创新、制度创新和人类生存发展观念的根本性转变，这一转变涉及了生产方式、生活方式、价值观念等多个方面。在工业和农业生产过程中，依靠高新技术、减少能耗，提高效能，降低二氧化碳的排放量，保护生态环境，实现经济效益、生态效益、社会效益的高效统一。在人类生活过程中，绿色居住、绿色消费，身体力行减少温室气体排放，将绿色生活作为一种习惯，建立人与自然和谐相处的新型社会，共同致力于可持续社会的进步与发展。

低碳经济理论以低碳化、绿色化为发展重点，强调生产生活方式的低碳化，减少能源消耗，降低温室气体排放量，共同维护生态环境，促进生态系统的良性循环及运转。种植业的绿色化生产追求在农业生产过程中减少环境污染、注重节约资源和生态平衡，降低对环境破坏严重的高污染性化肥农药，采用低碳化的农业生产方式，最终为社会提供绿色优质的农产品。在推进种植业绿色生产的过程中，需要利用低碳经济理念，追求减少能源消耗，提高生产的效能，降低二氧化碳温室气体的排放，保护生态环境。低碳经济是一个大系统，低碳农业是低碳经济系统的一个子系统，种植业的绿色生产与低碳经济的理念相同，共同追求社会的绿色化运行，因此可以说，低碳经济理论为种植业绿色生产提供了理论基础和实践经验。

4. 循环经济理论

随着一系列工业技术革命出现，人类在科学技术不断发展进步的同时，也面临着生态系统的失衡引起了全球升温、土壤流失、沙漠化严重、草原与牧场退化、森林资源破坏等一系列连锁的全球性问题。20 世纪 60 年代，环境保护的意识开始兴起，循环经济的思想出现萌芽，美国经济学家波尔丁（K. E. Boulding）首次提出循环经济的思想。20 世纪 70 年代，世界各国对环境保护问题关注的焦点仍然停留在对废弃物的末端处理方式上。20 世纪 80 年代，人们开始注意到污染物处理应该采取资源化的方式，也就是"利用废物"的阶段。到了 20 世纪 90 年代，可持续发展理念日益成为全球共识。人们以资源利用最大化和污染排放最小化为主线，逐渐将清洁生产、资源综合利用、生态设计和可持续消费等融合为一个系统整体，即循环经济系统。如今，各个国家正在把发展循环经济、建立循环型社会看作是实施可持续发展战略的重要途径和实现方式，循环经济已经成为国际社会推进可持续发展的一种理想模式。

循环经济即物质循环流动型经济，是指在人、自然资源和科学技术的大系统内，在资源投入、企业生产、产品消费及其废弃的全过程中，把传统的依赖资源消耗的线形增长的经济，转变为依靠生态型资源循环来发展的经济。它是以资源的循环、高效利用为前提，以减量化，再利用，资源化为基本原则，以物质封闭循环和能量梯队使用为特征，按照自然生态系统物质循环和能量流动方式运行的经济模式。它倡导的是经济与环境和谐发展的经济模式，在物质反复循环的过程中，通过排除废物到净化废物，再到利用废物，最终达到最佳生产和最佳效益，实现社会的可持续发展。循环经济有三大基本原则，即减量化（reduce）、再利用（reuse）、再循环（recycle），即"3R"原则，"3R"原则的优先顺序为减量化—再利用—再循环。有四项基本特征，即科技的先导性、物质流动的多重循环性、综合利用的一致性、全社会的参与和全人类的合作。科技是经济发展的前提，循环经济的实现也要依靠科技的进步，但仅仅依靠先进的技术并不能实现循环经济这种新型经济形态，而需要集经济、技术、社会于一体，进行科学和严格的管理。

循环经济体现了一种新的系统观、生产观和经济观。循环经济模式可以从根本上解决环境与发展之间的尖锐矛盾，实现社会经济的协调、可持续发展，实现经济活动的生态化转变。循环经济要求遵循生态学规律，合理利用自然资源，减少过量废弃物的排放，促进物质能量的循环利用。种植业绿色生产是绿色农业的主导模式，是国民经济发展的重要基础性方式。种植业绿色生产要求在农业生产过程中，秉承生态化理念，坚持环境与生产的协调统一，强调考虑到生态环境的稳定、发展以及生态环境的实际承载能力，避免过度消耗资源。种植业绿色生产方式是立足于清洁、循环的生产方式，在农业生产过程中做到资源的低消耗、高效循环利用以及污染物的低排放。可以说，循环经济理论是种植业绿色生产的理论基础之一，循环经济理论为我国种植业绿色化提供了新的思路。

5. 可持续发展理论

随着科学技术的进步和工业化、城市化进程的加快，人类的生存环境面临着严重的危机。这一系列危机迫使人类认真反思传统的工业文明与传统的经济增长方式，人类需要寻求全新的发展理念与发展观。1962 年，美国生物学家莱切尔·卡逊（Rachel Carson）发表了环境科普著作《寂静的春天》，引起了人类对自身活动与社会发展关系的深入思考。1972 年 6 月 5 日，联合国召开了"人类环境会议"；同年，罗马俱乐部发表了《增长的极限》的报告，最早提出了可持续发展的问题。1975 年，美国经济学家布朗（Lester R. Brown）出版著作《建立一个可持续发展的社会》，提出要以控制人口增长、保护资源基础、开发可再生资源来实现可持续发展，这为经济社会的发展提出了新的战略目标。1987 年，挪威首相布伦特兰（Brundtland）夫人发表题为《我们共同的未来》的报告，该报告首次正式使用和界定"可持续发展"概念，即"可持续发展是既满足当代的需求，又不对后代满足需求能力构成危害的发展"。自此之后，可持续发展作为一种新的发展理念和模式进入了全球视野中，并在全球范围内受到广泛的关注。

可持续发展是指既要考虑当前发展的需要，又要考虑未来发展的需要，不要以牺牲后代人的利益为代价来满足当代人的利益，是建立在社会、经济、人口、资源、环境相互协调和共同发展的基础上的一种发展模式，其宗旨是既能相对满足当代人的需求，又不会对后代人的发展构成危害。可持续发展理论的观念体系包括人与自然和谐观、经济社会生态效益统一观、文明消费观、生产集约经营观等，要求人类在经济社会发展过程中，注意可持续性，在尊重自然的前提下，考虑人的发展，实现经济效益、社会效益和生态效益的有机协调和统一。可持续发展需要遵循五项原则，即公平性原则、持续性原则、共同性原则、协调性原则、高效性原则。公平性原则包括代际公平和代内公平；持续性原则要求保护和加强资源基础的复合能力，从而达到资源的有效利用；共同性原则要求世界各国树立整体目标，适度利用自然资源，共同维护全球环境；可持续发展也需要协调系统各要素之间的关系，使系统达到整体功能最优。可持续发展的前四项原则构成了高效性原则的基础，高效性原则不仅是对各种生产要素进行最优配置，以达到最小投入获得最大产出的目标，而且还要根据人们的基本需求得到满足的程度来衡量，从而达到人类整体发展的综合高效。

可持续发展理论追求发展的协调性，即经济与人口发展必须限定在资源、环境的承载能力之内，实现全球性人口与资源、环境、经济、社会的协调发展。可持续发展促进经济的健康发展，不仅鼓励经济数量的增长，而且注重改善质量、提高效益、节约资源、防治污染，改变传统的社会生产模式，实现清洁化生产。种植业的绿色生产强调用绿色农业的持续发展来指导农业资源的开发和利用，在合理使用工业投入品的前提下，注重利用植物、动物、微生物之间的生态运转，重视资源的合理利用和保护，维持良好的生态环境，实现经济效益、社会效益、生态效益的有机统一。这一理念与可持续发展理论的宗旨一致，其最终目的也与可持续发展的目标相近，可持续发展理论可以为推进种植业绿色生产提供理论和实践基础。

综上所述，种植业绿色生产方式是生态经济、绿色经济、低碳经济、循环经济与可持续发展理论这五种经济发展模式在农业领域的具体应用和综合表现形式，是集五种经济发展模式为一体的有机集合体。生态经济理

论、绿色经济理论、低碳经济理论、循环经济理论与可持续发展理论五种
理论从不同的角度对种植业绿色生产提供了理论支撑。

二、种植业绿色生产的内涵及特征

（一）种植业绿色生产的内涵

1. 绿色农业的提出及各方的观点

"绿色生产"是 20 世纪 80 年代起源于工业污染控制领域的一个概念，
在国际上被称为"清洁生产"，指以节能、降耗、减污为目标，以管理和
技术为手段，实施工业生产全过程污染控制，使污染物的产生量最小化的
综合措施。"清洁生产"作为可持续发展的一个有力工具，近年来被推广
到更广泛的经济发展领域，也被越来越多的称为"绿色生产"。

原国家绿色食品协会会长刘连馥先生，于 2003 年 10 月在联合国亚太
经社理事会主持召开的"亚太地区绿色食品与有机农业市场通道建设国际
研讨会"上提出了"绿色农业"理念。2017 年中央一号文件的第二部分
提出与环境保护密切相关的内容要求，推行绿色生产方式，增强农业可持
续发展能力。文件提出推进农业清洁生产、大规模实施农业节水工程、集
中治理农业环境突出问题、加强重大生态工程建设等。按照中央一号文件
的部署，农村工作不仅要调整优化农产品结构，还要推行绿色生产方式，
推进农业清洁生产。深入推进化肥农药零增长行动，开展有机肥替代化肥
试点，促进农业节本增效。大力推行高效生态循环的种养模式，加快畜禽
粪便集中处理，推动规模化大型沼气健康发展。鼓励各地加大农作物秸秆
综合利用支持力度，健全秸秆多元化利用补贴机制。

根据对文献的查阅，目前国内很多学者对"绿色农业"的概念进行
了研究，从不同侧面对"绿色农业"理论基础提出了各自观点进行论证

（刘连馥，2003；李友华，2007；严立冬，2008；卢良恕，2011；韩长赋，2017），一个共同的基本认识，就是"绿色农业"这一概念必然会持续、长期发展下去。随着社会生产力的提高，经济速度增长，人类文明进程加快，人们对农业多功能要求更迫切；人类面对人口急剧增长的严峻挑战和生存环境的严重污染威胁，生态破坏以及资源衰竭的形势亟须扭转。这些都迫使我们必须坚持走可持续发展之路，迫使我们必须改变"高投入、高消耗、低效率"的传统发展模式，寻求一种新的生产发展模式与之相适应。农业绿色发展，体现了人与社会、自然和谐发展的更高层次的社会发展理念，契合了中国的资源国情、环境国情和生态国情，是当前我国经济社会发展阶段的必然选择和人民群众日益增长的美好生活的内在需要。

依据目标和侧重点不同，可以将学者们对绿色农业的定义归纳为六类：第一类强调以环境保护、生物多样性为核心；第二类强调以食物安全和保护资源环境为核心；第三类强调以人与自然和谐相处为核心；第四类强调以资源、环境、经济协调发展为核心；第五类强调以农产品标准化、保护资源环境、生态环境、农产品安全和提高综合经济效益为核心；第六类强调绿色农业是集生态、社会、经济三种效益于一体的现代农业发展可持续模式。

2. 种植业绿色生产的内涵

总的来说，狭义的绿色农业实质是指绿色农产品生产，广义的绿色农业则涵盖了资源节约、环境保护、生态平衡、生产效率提高、农业技术创新、农产品质量安全、人民生活水平提高等内容，绿色农业是一个综合的概念，是全面、协调、可持续的发展模式，随着经济社会的发展和时代的进步，其内涵将被不断地丰富和发展。

种植业绿色生产是农业绿色发展的重要组成部分，它是按照全面、协调、可持续发展的原则，以提供绿色安全农产品为前提，以资源节约、环境友好、生态平衡为基础，以绿色农业技术创新和管理制度创新为手段，对传统种植业生产过程进行绿色化改造，推动农业综合效益全面提高，实现经济效益、生态效益、社会效益协调统一的现代农业发展模式。构成种植业绿色生产的核心三要素分别是绿色农产品、绿色资源环境、绿色技术管理，其中，绿色资源环境是基础投入，绿色技术管理是过程手段，绿色农产品是产出结果。

（二）种植业绿色生产的特征

第一，从生产目的看，种植业绿色生产方式与传统的农业生产方式不同，其生产的目的不仅是为了满足人们对食物的需要，而且还考虑到人与自然的和谐发展，农业生产与生态环境的和谐发展，经济效益、生态效益和社会效益的和谐发展。在价值导向上，种植业绿色生产不是以追求食物生产和消费的数量为目标，而是以尊重生态环境的客观规律为前提下追求质量发展和有效供给，提供既能够满足绿色食物消费需求又能满足生态友好需求的多功能产品。

第二，从生产方式看，种植业绿色生产方式是立足于清洁、循环的生产方式，要求在农业生产过程中做到资源的低消耗、高效循环利用以及污染物的低排放。为此在农业生产过程中要建立以绿色、低碳、循环经济为基础的生态农业产业，从某种意义上说，绿色低碳循环经济与生态农业产业将是绿色生产方式的物质基础。

第三，从生产条件看，种植业绿色生产方式对种植业生产的技术条件和制度环境提出了更高的要求，绿色农业技术创新与大规模应用是种植业推进绿色生产方式的关键支撑，需要加强科技创新能力建设和科技基础设施建设，形成和推广一套绿色种植业技术体系。同时，加强管理制度创新和法律法规制定是种植业推进绿色生产方式的重要保障，需要制定和颁布一套保障绿色农业发展的支持政策和法律法规。

　　第四，从生产过程看，种植业绿色生产要实行标准化全程控制，强调绿色农产品产前、产中、产后的生产、加工、储运、包装、销售的全过程质量控制和全产业链环节标准化，从而实现"优质优价"，提高农产品的标准化水平、品牌价值和国际竞争力。

第 三 章

我国种植业推进绿色生产方式的
成效和问题

党的十八大以来，围绕"一控两减三基本"的目标要求，我国在现代农业建设中实施绿色发展战略，加快推进农业供给侧结构性改革，着力转变农业发展方式，推动农业资源环境保护与生态建设取得新成效，农业可持续发展能力明显增强。2017年农业部进一步启动"农业绿色发展五大行动"，其中，实施果菜茶有机肥替代化肥行动、东北地区秸秆处理行动、农膜回收行动三项行动都与推进种植业绿色生产方式密切相关。本章从种植业清洁生产、废弃物综合利用、产品产地环境治理、绿色生产实践等方面总结我国推进种植业绿色生产方式的进展和效果，同时分析指出种植业绿色生产存在的问题和制约。

一、我国种植业绿色生产发展取得的成效

（一）种植业绿色生产已形成一定规模

近年来我国种植业绿色生产发展较快，绿色有机产品总数、企业数量、生产基地、示范园等均呈增长的态势。截至2018年底，全国绿色食

品、有机农产品、农产品地理标志产品获证单位超过 1.6 万家，产品总数达 3.8 万余个。我国积极开展绿色农产品认证工作，截至 2018 年底，全国绿色食品企业总数 13206 家，产品 30932 个；有机农产品企业总数 1117 家，产品 4323 个；登记农产品地理标志产品 2523 个。此外，积极开展基地建设，2018 年，我国共建成绿色食品原料标准化生产基地 680 个，总面积 1.65 亿亩；建成有机农业基地 30 个，面积 2729 万亩；共创建 10 个绿色食品（有机农业）一二三产业融合发展示范园，年产值 19.37 亿元。以长春市为例，2018 年长春市有机农业总产值达到 216 亿元，直接带动农户 57990 户，带动农民增收 5000 多万元，绿色有机产地环境监测面积达到 359.44 万亩，建立 40 个绿色有机农业示范园区，全市从事绿色有机农产品生产经营的规模化企业达到 159 个。

（二）种植业清洁生产水平明显提升

实施化肥农药零增长行动，推广节水农业技术，推动农业清洁生产，促进投入减量、节本提效、绿色替代。在推进化肥减量增效方面，扩大测土配方施肥使用范围，推进配方肥进村入户到田，鼓励引导农民推进秸秆还田、种植绿肥、增施有机肥。初步统计，2017 年全国测土配方施肥技术推广应用面积近 17 亿亩次，技术覆盖率达到 84%，配方肥已占到三大粮食作物施肥总量的 60% 以上。2017 年全国有机肥施用面积超过 5 亿亩次，绿肥种植面积约 6100 万亩，比 2015 年增加 1800 万亩次。2012～2017 年，我国化肥施用量和施用强度先增后减，两者在 2014 年达到峰值（见图 3-1）。2013～2014 年，由于农产品产出总量增加，有机肥投入不足等原因造成化肥施用量增加 1000 万吨左右。2014 年以来，国家政府逐渐重视绿色农业的发展，加强对农业化肥投入量的管理，因此化肥施用量及施用强度逐年下降。2017 年我国化肥施用量为 5859.4 万吨，连续 2 年零增长，水稻、小麦、玉米的平均化肥利用率为 37.8%，比 2012 年提高 4.9 个百分点。

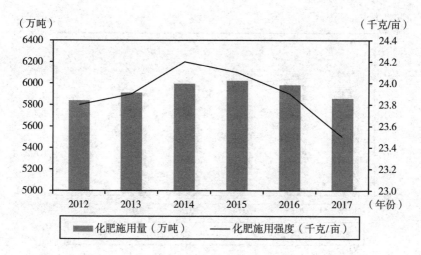

图 3 - 1　2012 ~ 2017 年全国化肥施用量与施用强度
资料来源：2012 ~ 2017 年《中国农业统计资料》。

在推进农药减量控害方面，创建农作物病虫害专业化统防统治与绿色防控专业场所，协同推进农药减量控害、新农药、新药械等示范基地。2017 年，在农业部门备案的植保专业服务组织达 4.05 万个，三大粮食作物实施专业化统防统治面积达到 14.3 亿亩次，专业化统防统治覆盖率达到 37.8%，比 2012 年提高 17.8%。截至 2017 年，全国建立 13000 个各类农药减量增效示范基地，4500 多万亩核心示范面积；绿色防控技术应用面积超过 5.5 亿亩，我国主要农作物病虫害绿色防控覆盖率 27.2%，比 2012 年提高 11 个百分点。2012 ~ 2017 年全国农药使用量和使用强度逐年下降（见图 3 - 2），在 2014 ~ 2017 年全国农药使用量下降了 15 万吨左右，使用强度降低了 7% 左右。2017 年全国农药使用量为 165.5 万吨，连续三年实现负增长，农药利用率为 38.8%，比 2012 年提高 3.9 个百分点。

在推进节水农业方面，我国加快建立高标准节水农业示范区，推广节水品种和喷灌滴灌、水肥一体化等技术。2012 ~ 2017 年全国农田灌溉面积、节水灌溉面积及高效节水灌溉面积基本呈逐年递增态势（见图 3 - 3）。2017 年，全国节水灌溉面积 5.15 亿亩，较 2012 年增加 4653 万亩，增幅为 9.94%。其中，高效节水灌溉面积超过 3 亿亩，较 2012 年增加 8000 万亩

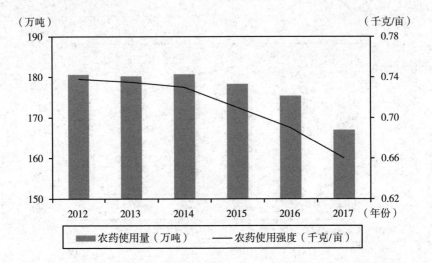

图 3 - 2 2012 ~ 2017 年全国农药使用量与使用强度
资料来源：2012 ~ 2017 年《中国农业统计资料》。

以上。同时，2017 年我国共调减高纬度和干旱地区等玉米种植面积 3000
万亩，积极发展抗旱节水型农作物，如杂粮杂豆、薯类等。大力推广水肥
一体化技术，据统计，2017 年全国水肥一体化推广面积超过 1 亿亩，比
2013 年增加 3000 万亩。

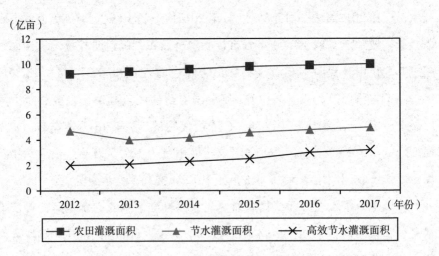

图 3 - 3 2012 ~ 2017 年全国节水灌溉面积变化
资料来源：2012 ~ 2017 年《中国农业统计资料》。

（三）种植业废弃物综合利用深入推进

在秸秆综合利用方面，深入推进秸秆机械化还田、秸秆养畜、秸秆能源利用等，基本形成以肥料化利用为主，饲料化、燃料化稳步推进，基料化、原料化为辅的综合利用格局。2017 年全国主要农作物秸秆综合利用率达到 83.7%。截至 2018 年 6 月，全国共建立秸秆综合利用试点县 143 个，各试点县秸秆综合利用率均提高 5 个百分点或达 90% 以上，区域秸秆处理能力显著提升。

在废旧地膜综合利用方面，实施地膜回收利用项目，覆盖 11 个省（区）的 229 个县（市），并以西北为重点区域，建设 100 个地膜回收补贴示范县。重点推广加厚地膜，完善地膜回收网点，扶持加工利用回收企业建设，引导新型农业经营主体开展地膜回收行动。加强农膜监管力度，强化监管促动，建立 210 个地膜残留国控监测点，开展地膜使用、回收、残留的监测评价工作。2017 年全国地膜回收示范面积达到 5500 多万亩，农膜回收利用率超过 60%，新疆维吾尔自治区、甘肃省等地膜使用重点地区当季回收率近 80%。

（四）种植业产品产地环境治理有序开展

在耕地土壤重金属污染综合治理方面，开展农产品产地土壤重金属污染普查，建立农产品产地分级管理制度。在全国 16.23 亿亩耕地上布设 130.31 万个采样点位，开展农产品产地土壤重金属污染动态监测，建立农产品产地安全预警机制。2017 年在湖南省长株潭地区开展耕地重金属污染修复及农作物种植结构调整试点，试点面积达到 272 万亩，相比 2014 年扩大 102 万亩。通过实施"VIP"等综合技术，探索可借鉴、可复制、可推广的耕地重金属污染治理模式。

在耕地保护与质量提升方面，安排专项资金，鼓励和支持种粮大户、家庭农场等新型农业经营主体及农民开展秸秆还田，加强绿肥种植，增施有机肥，改良土壤，培肥地力，改善农村生态环境，提升土壤质量。据统计，2011~2017 年全国共建成高标准农田 5.6 亿亩，耕地养分含量稳中有升。2016 年全国土壤有机质平均含量为 24.3 克/千克，较 2004 年上升了 1.8 克/千克，其中水田 30.9 克/千克，旱地（水浇地）19.9 克/千克。

（五）各地区积极探索种植业绿色生产实践

农业农村部相继实施了一批地膜综合利用试点、秸秆综合利用试点、生态农业试点、轮作休耕模式试点，以点带面，发挥辐射带动作用。各地也探索推出了一批具有特色的建设模式，甘肃、新疆开展地膜生产者责任延伸制，积极推广"交旧领新""废旧农膜兑换超市"等模式；山西怀柔创新型农业经营主体回收地膜形式；黑龙江利用创新机制推进秸秆综合化利用模式；浙江以"一控两减三基本"为重点推动生态循环农业建设，发展全域农业绿色发展综合样板；河南、上海建立现代循环农业发展模式；安徽推进生态循环农业模式；陕西延川县开展乡村旅游发展模式；河北创新建立"一季雨养一季休耕"模式，发展旱作节水高效农业。

二、我国种植业绿色生产发展面临的问题

（一）种植业发展所依赖的自然资源受到刚性约束

1. 耕地总数减少，质量下降

根据国土资源部公布的全国土地变更调查结果显示，截至 2017 年底，我国 31 个省（区、市）耕地面积 20.23 亿亩，与 2015 年底相比，全国农用地面积净减少 493.6 万亩（其中耕地面积净减少 115.4 万亩）。减少的

主要原因是随着城镇化和工业化进程加快推进，城市扩建、新城区建设、农村集体经济发展、交通发展都需要占用大量耕地。我国开发耕地后备资源非常有限且分布不均衡，只有不足 500 万公顷的面积，以依靠开发后备资源来补充建设占用耕地的模式已难以为继。同时，我国耕地土壤结构性问题主要表现为耕层变浅，板结问题较为突出。根据农业部《2016 年全国耕地质量监测报告》监测数据显示，全国有 65.5% 的监测点耕层厚度较浅，有 25.9% 的监测点土壤容重大于适宜作物生长的标准，土壤孔隙少、孔隙度小，板结现象较为严重。其中北京、天津、河北、河南、山东等省（市）土壤容重较高，土壤板结问题相对突出。

2. 水资源短缺且时空分布不均，农业用水危机加剧

我国水资源人均占有量和单位面积国土水资源的拥有量都较低，按照人均水资源占有量来计算，我国人均水资源占有量不足世界平均水平的 1/4，我国平均每单位国土面积水资源的占有量仅为世界平均水平的 4/5。另外，我国水资源和耕地资源分布错位，影响了水资源的有效利用。在我国，水资源分布南多北少，但是在"北粮南运"趋势下，南方一些水资源丰富的省份粮食生产规模小，而北方一些水资源匮乏的省份却负担了极为重要的粮食生产任务，进一步加剧了缺水的矛盾。同时，我国用水效率不高，浪费比较严重。农业灌溉用水占水资源总量的 70%，但由于跑、冒、渗漏和漫灌等原因，农田灌溉水的有效利用系数仅为 0.4 ~ 0.5，而发达国家为 0.7 ~ 0.8，水的重复利用率为 50%，发达国家已达 85%。水资源缺乏与滥用对种植业可持续绿色生产提出严峻挑战。

（二）种植业生产过程污染排放比较严重

1. 种植业源污染物排放对环境影响较大

《第一次全国污染源普查公报》显示，种植业总氮流失量 159.78 万吨

（其中：地表径流流失量 32.01 万吨，地下淋溶流失量 20.74 万吨，基础流失量 107.03 万吨），总磷流失量 10.87 万吨，分别占全国各类源排放总量的 33.8% 和 25.7%。种植业地膜残留量 12.10 万吨，地膜回收率 80.3%。经济作物，特别是棉花和糖料作物仍然带来相当大的环境压力。这些污染源的大量排放对环境造成极大危害，破坏生物多样性，污染生态环境，破坏自然生态系统的良性循环，给人民的生产生活造成极大困扰。

2. 化肥过量投入污染

过量的化肥施用是造成农地污染和环境恶化的主要原因，主要表现为化肥使用量过高、肥料配比不合理和流失严重等。目前我国每年化肥施用量达 5800 万吨，居世界第一位，每公顷耕地面积的化肥施用量接近世界平均化肥施用量的 4 倍，而化肥的当季利用率只有 30% 多，普遍低于发达国家 50% 的水平，施用强度是国际 225 千克/公顷安全上限的 1.6 倍，肥料结构上明显呈现氮肥用量偏高、钾肥用量偏低、无机化肥过多、有机化肥过少的特点。化肥过量施用和方法不当，导致土壤酸化、地力下降、碳库损失等问题，超过一半的化肥随降水和灌溉流失到农田外的水体环境中，造成水体富营养化，部分地区生产的农产品中硝酸盐含量超标，直接对人体健康造成危害。

3. 农药残留污染

根据农业农村部统计资料显示，我国每年农药的使用量为 140 多万吨，是世界第一农药消费大国，占世界总施用量的 1/3，每亩平均用药约 1 公斤，高出发达国家一倍以上。农药在土壤中的残留为 50%~60%，且不易降解，同时，由于大多化学农药是广谱性的，喷洒到地里，不单是杀灭害虫，也杀灭了这些害虫的天敌，当化学农药失效后，虫害会再次快速暴发。棉花是我国化学农药用量最大的作物之一，每年棉田农药用量占我国农药生产总量的 25%~30%。由于长期、大量、高频次的施用化学农药，加之我国农药品种以高毒、剧毒品种居多，同时由于施药器械落后，使用人员素质低等原因造成农药有效利用率很低，只有 10%～30%，农药的大量、无节制施用和农药残留对土壤、水体和大气造成极其严重的污染，生态平衡受到破坏，生物多样性明显下降，同时对人类健康威胁极大，农药残留在粮食、蔬菜产品中，含有损害人们身体健康的致病物质，直接威胁我国的生态安全和食品安全，在国际市场，农产品有害物质残留已成为最主要的非关税壁垒。

4. 农膜和秸秆等废弃物污染

我国是世界上农膜生产和使用最多的国家，农膜使用量是其他国家用量总和的 1.6 倍。2017 年，我国农用塑料薄膜用量约为 252.84 万吨，其中地膜用量 143.66 万吨，与 2012 年相比，总用量增加了约 14.54 万吨，地膜用量增加了 12.56 万吨。农膜使用数量的大量增加，对种植业绿色生产、农业可持续发展构成极大的威胁。农膜在土壤中年残留量为 10%～30%，降解周期为 200～300 年。农膜的大量残留，破坏土壤结构，影响土壤的透气性，阻碍水肥的运移，导致土壤质量下降，阻碍种子发芽和根系生长，影响农作物产量和品质。残膜被随意丢弃，也严重影响环境美观，成为白色污染的重要标志。此外，我国农作物秸秆资源丰富，年产量达到 7 亿吨左右，如果得不到合理的利用和处理，随意丢弃和露天焚烧将造成农地和大气环境污染。

（三）种植业绿色生产的观念和意识不强

1. 各级部门绿色发展理念有待加强

当前，种植业绿色生产方式在推进中仍遇到多重困难，绿色农业观念尚未广泛形成。虽然我国政府对农业绿色发展给予了足够的重视，但各级部门在具体贯彻执行时，存在思想认识上的偏差，对农业绿色发展的战略地位认识不够。长期以来，农产品数量保障仍是我国农业生产的首要目标，农产品质量安全目标没有提升到和数量目标同等的地位。一些地区县、乡、村等基层干部观念滞后，只关注短期经济效益和收入，绿色发展理念宣传和技术培训教育不到位，对绿色农业所知甚少，没有意识到传统农业生产带来的资源浪费、环境恶化等问题。

2. 农民绿色生产观念较为滞后

农民作为种植业绿色生产的实践者，他们的生态农业意识缺乏和观念滞后会导致对绿色生产方式和绿色生产技术的了解不到位，造成依然单纯使用激素、化肥、农药等化学物质来增加农产品产量。过量使用污染性化学品，不仅会降低农产品品质，不利于绿色农产品市场建设，而且还会造成大面积的环境污染，不利于构建美丽和谐新农村。

3. 社会绿色消费引导尚有不足

如何实现绿色生产和绿色消费的有效对接是提升种植业绿色发展效率的重要环节。当前，社会上存在一些不良的农产品消费观念，一是缺少科学的认知，消费者追求的物美价廉本质上并不符合逻辑；二是缺少"责任消费"意识，不考虑资源节约、低碳环保，对市场上绿色生态环保产品支持力度小；三是存在严重过度消费，我国蔬菜等产品在消费过程中多半被浪费，每年餐桌食物的浪费足够 5000 万人食用。对农产品不良审美观以及铺张浪费等错误观念习惯造成农产品大量浪费，与资源节约型绿色发展的方向明显不符。

（四）种植业绿色生产的科技支撑不足

1. 绿色农业生产技术研发不足

我国与绿色农业相关的基础研究和应用研究偏少，尤其对"节本增效""环保生态"等绿色生产技术鲜有涉及。较为注重优良品种培育和选种，但在一定程度上忽视了相配套的栽培技术，在生产过程中，由于栽培技术的不到位导致部分地区仍然采用落后的生物病虫害防治、增加土壤肥力办法，缺乏安全、环保的生物农药和施用技术。90%的科研工作集中在产中阶段，产前和产后的研究少。

2. 绿色农业研发投入不足

我国绿色农业科研的投入一直较少，导致绿色农业发展的质量和效率均难以突破。自20世纪80年代以来发达国家农业科研及推广应用经费一般占其农业总产值0.6%～1.0%，发展中国家也在0.5%左右，而我国仅为0.17%～0.27%。可见我国农业科研投入水平还远远低于国际水平，没有充足投入难以实现好的产出。此外，绿色农产品加工的工艺和设备、交通、能源、农业基础设施、生存环境等方面条件很差，亟须政府加大绿色农业研发投入力度。

（五）种植业绿色生产的支持力度不够

1. 财政投入不足

绿色农业作为一种新的发展模式，能否被作为市场主体的农民所接受，关键在于该模式能否给农户带来经济效益的增长。而绿色农业的正外部性、公共物品特性及可能引起的成本提高，单纯靠市场机制无法推动其稳定发展，必须依靠政府行为予以经济补偿。当前我国绿色农业仍在起步阶段，很多绿色农业生产基地也还处于建设发展的初期，其内在效益显现不足，仍然需要较多的外部性资金扶持，虽然国家对农业财政投入总规模保持逐年递增的态势，但财政支农总量仍然有限，财政政策在推进绿色农业发展上还存在单个资金量小、资金使用分散、整合难度大等问题，以绿色生态为导向的农业补贴制度体系尚未全面形成。与发达国家相比，我国在绿色农业方面的财政投入还有较大差距。

2. 政策支持力度不够

政策支持对于发展初期的绿色农业极为重要。首先，由于我国绿色农业认证体系及绿色农业生产者信用管理机制的相对缺失，绿色农业从金融机构获得的信贷资金极其困难，解决相关生产经营主体的发展动力不足问题是推进种植业绿色生产方式的关键问题。其次，我国对绿色农业的管理制度不够完善，体制机制不够健全，监管体系尚未完全建立，这些政策方面的问题会对绿色农业的发展造成负面影响。

（六）种植业绿色生产的法律和机制不完善

1. 法律体系不健全

完善健全的法律体系是绿色农业健康发展的重要保障。目前，我国尚未出台权威性的法律法规作为保障，中央和国务院在农业生态补偿方面只是在政策上予以规定，但缺乏集中统一、较高效力的法律规定。地方所出台制定的农业生态补偿法规等大都缺乏对本地区环境的考虑，缺乏具体的实施细则，难以在实际运行和操作满足农业生态环境保护与修复的需求。

2. 绿色农业标准和质量监控机制不健全

绿色农业发展需要建立一整套标准体系，确保生产、加工、销售整个链条安全优质。目前，在绿色农业相关领域，我国制定了 AA 级绿色食品标准和 A 级绿色食品标准、有机食品标准及一批无公害食品标准。但总体来说，我国绿色农业还缺乏完善的标准，更没有形成自身的标准体系，对绿色农产品实施从源头到流通全程质量安全控制仍有相当不足。在生产过程中，针对绿色农业的投入品审查不到位，难以确保绿色农业产区的化学工业品的投入量，从而进行量化。在流通过程中，对绿色农产品的质量监测体系不完善，对于流通在市场上的绿色农产品质量无法保证。另外，绿色农产品认证还需更加规范，绿色食品现由中国绿色食品发展中心负责全国统一认证和最终认证审批，各省（区、市）绿色食品机构协助认证，全国采用唯一标志，但由于存在检测、监管不到位情况，管理中有时也会出现一些问题。而有机食品和无公害食品因有多家认证机构，存在各自为政现象，管理较为混乱。

第四章

国内外推进种植业绿色生产的模式和实践

发达国家（地区）在 20 世纪五六十年代推进农业现代化的过程中纷纷开始了农业发展方式转变的实践探索，形成了一些有价值的成功经验。我国近年来在实践过程中也创造出许多不同类型的种植业绿色生产发展模式，总结、借鉴、应用和推广这些不同类型的发展模式，对于推动种植业绿色生产有着十分重要的意义和作用。

一、发达国家和地区种植业推进绿色生产的模式和经验

（一）美国可持续农业模式

工业时代的到来以及工业化生产的快速进步，使得农业生产的可持续发展受到极大的挑战和威胁。在人们日益反思"工业式"农业不可持续的过程中，新型的绿色农业可持续发展的模式应运而生。进入 20 世纪以来，随着现代工业的发展，美国农业也逐渐步入现代化，美国逐渐形成了机械化、化学化、集约化的常规现代化农业。但是常规现代化农业给美国的农业生态带

来了极大的破坏。资源浪费严重、环境受到威胁，食品安全难以保证，这些问题使美国意识到需要提出新型的农业发展道路。20 世纪 80 年代初，美国倡导提出了可持续农业的概念，即围绕农业自然生产特性来利用和管理农业内部资源，充分利用农业自然生产力来降低农业生产成本，以提高收入水平和改善环境现状。美国的农业学家认为，通过对土壤、水分及能源和生物资源的适当管理，使这些要素之间形成一个良好的循环系统。利用这一系统，从长期持久发展的过程来看，不仅能够降低农业投入成本，而且可使农业更具生产力。美国的可持续农业模式主要围绕农业的自然生产特性来管理农业内部资源，力求通过充分利用农业生产力来改善环境状况，促进农业、环境、经济、社会的可持续发展。近些年来，美国的农业可持续发展模式得到迅速推广，其具体实践可从以下四个方面进行总结。

1. 推动农业立法

为快速推进农业的可持续发展，1985 年美国联邦政府修订农业法，制定了一系列有关环境保护、资源可持续利用、土地湿地保护的政策，树立了既提高农业劳动生产率又保护生态环境的目标。除此之外，美国政府也建立了完善的长期资源和环境保护计划，对农业资源和环境进行法律保护。所谓"保护计划"，其主要内容为以美国农业部为主要监管部门，对农业生产所造成的生态退化、环境破坏进行监督，在易发生土壤退化、荒漠化的地区实施有计划性的退耕还林还草以及休耕制度，并对因"保护计划"受到利益损害的农民进行经济补贴。这一保护计划的实施，保护了美国的农业用地，增强了美国农业生产能力，降低了农业污染及对环境造成的破坏。

美国政府不断完善农业可持续发展相关法律法规。1990 年，联邦政府增加了关于推进新型耕作方法的规定。这一规定进一步激发了美国农业生产潜力，提高了农业生产效率，发挥了资源的最大效益。在控制水污染问题上，联邦政法积极建立法规，规定以各州政府为主体对水环境污染进行管理，并按时提交管理方法及成果。通过对化肥、农药等污染源进行控制，使得美国农业水环境维持在一个相对良好的状态。此外，美国政府以法规的形式把化肥、农药等施用量控制在安全水平上，对生产和使用化肥、农药等造成环境污染者征收化肥税和农药税，以此来控制农业化肥、农药的使用。

2. 加大农业投资

为了促进农业可持续发展的快速进步，美国政府加大对农业生态环境保护的投资力度，增加用于农业生态环境保护计划的补助。农业部可将资金直接补助给参与生态保护计划的农民或用于这些生态保护项目，使农民直接受益。在土地及湿地保护、休耕、退耕等方面，农业部还对参与主体进行资金及技术援助。

美国政府还加大农业科研补贴，注重构架科学的可持续农业所必须的农业"教科推"体系，每个县都有一名受大学雇用的农业科研延伸服务代理人员教授农民最新的农业科研知识和成果。美国政府将国家的一部分拨款用于科研经费，其拨款占农业 GDP 的比例逐年提升。美国政府积极建立农业推广体系，并对于从事绿色生产，生态农业的企业及农民予以补助，激发其生产积极性。

3. 制定农业目标

1996 年，美国在制度多元化的背景下制定农业发展目标，认为在农业的可持续发展模式下，农业应该制定完善的农业目标体系。该体系应该囊括农业生产效率、农业盈利性、效率增加和环境保护四个方面。为了真正实现所制订的目标体系，真正使农民从中受益，国家需要加强农业多样性，提升农业系统管理能力。

增加农业多样性就是鼓励农民增加种植或饲养种类，避免单一化生产所带来的风险。增加农业多样性对农民具有极大的意义。首先，农民通过种植不同种类的农作物和养殖不同类型的动物，可以有效规避、分散、控制因市场价格波动而引起的利益受损。其次，农业的生产多样性有利于形成良好的农业生态系统，建立植物与土壤之间良好的循环体系，这一体系的建立可以有效减少农业化肥、农药等有害产品的投入，从而有助于提高农业利润，保护生态，减少污染及环境破坏。最后，多样化的农业生产有助于将农业及牧业有机结合起来，从而合理处理动物废弃物，这一做法既能降低农业成本，又能减少农业生产所需的化肥、农药对环境所造成的破坏和污染。

4. 完善农业支撑体系

为了促进绿色可持续农业的快速稳步发展，美国联邦政府积极建立以农业科技基础、农业科研机构、信息体系为核心的农业支撑体系。这一支撑体系的建立，进一步促进了农业领域的科研投入，为农业的可持续发展奠定坚实的技术基础。在发展农业的可持续过程中，美国不断深入在绿色生态农业，土壤质量，植物品种及培育，动物种类等研究，重视农业的科学技术基础研究，并在各个农牧业领域取得重大突破。美国的可持续性农业发展离不开大量的农业科技的支持，将科学技术真正应用于农业的生产过程中，利用科技扶持农业，可以有效监测土壤、气候、环境，为农业的高效生产提供保障。

建立完善的农业科研机构体系，并将科研机构延伸至农业生产之中，可以最大化的发挥科研对农业的作用。美国联邦政府积极建立农业教研、推广一体化体系，并在各个州建立农业大学，派遣专业的农业科研代理人向农民传授最新的农业知识。美国农业部还形成了完善、健全的信息体制和制度，及时收集和发布关于农产品的市场信息，致力于为农业生产者提供详尽的农业信息。

（二）德国生态农业模式

作为发达国家的德国，有着良好的农业生产自然条件，但同样面临一系列的农业问题，包括土壤污染及退化、环境破坏、农产品质量下降等问题。为了应对日益出现的农业问题，按照经济增长与环境保护的要求，德国选择走生态农业发展道路。德国倡导在适宜地区发展生态农业，始终遵循系统性与整体性的原则，以实现人口、环境、经济协调发展为目标。德国生态农业模式主要表现为以下四个方面。

1. 成立生态农业团体

为了推动德国生态农业的发展，德国政府专门成立了生态农业促进联合会。德国以生态农业促进联合会为主体，对农业进行生态管理。该联合会出台生态农业相关要求，严格限制农业化学合成的杀虫剂、除草剂、植物生长调节剂的使用，鼓励农民利用生物天敌，绿色防治的办法来代替化工品的使用。在化肥方面，生态农业团体也有严格的规定。团体要求不使用易溶的化学肥料，利用腐殖质保持土壤肥力，采用轮作或间作的方式种植，不使用易溶的化学肥料，利用腐殖质保持土壤肥力，采用轮作或间作的方式种植，防治土壤过度种植。生态农业促进联合会对德国的生态农业推进具有极为重要的意义，在农业生态化发展的过程中起到了关键性的作用。

2. 建立生态产品检验系统

德国规定对生态产品的检验主要由国家监管的民间系统来进行。德国的生态产品生产除了要符合德国对传统食品的食品法和饲料法的规定，还要符合欧盟生态条例。德国允许农业企业加入德国生态联合会，但必须要经过3年时间的调整期，其农业产品也要经过国家检测中心的检验。国家检验的生态农产品，政府会统一发放生态印章，并在农产品外包装上印有生态产品等字样。这一做法可以大大提高生态农产品在市场上的接受度，满足消费者对于绿色农产品的需求。

3. 进行财政补贴

除了成立生态团体，建立检验系统，德国政府也很重视国家财政对于生态农业方面的补贴。德国的生态农业补贴可细分为不同的部分。首先，德国农业部设立生态农业奖，对促进生态农业改善、开发产品技术等有突出贡献的企业进行奖励，奖金总计25000欧元。其次，德国政府对于进行生态化生产、遵循国家生态农业发展规定的农户予以农业补贴，激励其走生态化道路。最后，德国对于创新性的农业生产技术进行资金投入，加快由科技成果向农业实践的转换。

4. 转变生产方式

德国为推动生态农业在本国的发展进程，建立"市民农园"体制，将镇、县政府提供的公有土地和居民提供的私有土地进行租赁，采取由生产导向型转向农业耕作体验与休闲度假为主，生产、生活及生态"三位一体"的经营方式。生态化的生产方式可以较好地平衡经济与绿色发展之间的关系，既符合消费者的现代需求，又促进农业与其他产业有机结合。

（三）日本有机农业模式

日本是一个典型的人多地少的发达国家，面对农业发展过程中所出现的各种生态问题，日本建立了以保护环境、充分利用资源为核心的有机农业模式。20世纪50年代，日本进入工业时代。在工业化初期，日本过度强调高产出，不惜以破坏环境及资源为代价。这一方式在促进国家经济迅速发展的同时也带来了环境、资源等方面的严重问题。自20世纪70年代起，日本政府及人民开始逐渐认识到环境破坏，农产品质量难以得到保证等问题，提出了多种类型的有机可持续农业。日本从自身国土狭小、农产品自给率低的实际出发，积极发展以保护土地、自然资源以及景观、水源涵养为重点的有机农业。有机农业的基本思路为以人口、资源、环境、经济平衡为立足点，利用农业本身特有的生物循环，通过减少化肥肥料、农药的使用，从而达到发展绿色有机农业的目标。日本有机农业实践可从以下三个方面来分析。

1. 制定有机政策

日本政府为促进有机农业的发展，1999 年成立了日本有机农业学会，随后出台了一系列的法律法规，其中包括：2000 年制定农林物资规格化相关法律；2006 年颁布《有机农业推广法》；2007 年出台《关于推进有机农业发展的基本方针》。这些法律法规在很大程度上对日本的有机农业进行规范，加速有机农业的普及速度，推动日本农业从常规农业生产向绿色有机方向转变。地方政府也十分注重有机农业的发展，积极推行有机农业政策，促使有机农业的广泛应用。除了制定有机农业相关的法律，日本政府也要求在各地区建立有机农业团体，为农民提供资金支持、技术手段、农业信息等。这些团体在推动有机农业普及的过程中发挥了极大的作用。

2. 制定认证制度

为了推动有机农业的发展，日本政府制定了有机农产品的认证制度，将该类农产品与普通农产品进行区分。1999 年，日本政府制定了日本有机农业标准（Japanese Agricultural Standard，JAS），经过日本有机 JAS 相关权威机构认证的农产品产区，可以在其产品上加印 JAS，有助于消费者进行分辨。这一做法在满足消费者对优质农产品需求的同时也大大开拓了有机农产品的销路。除了 JAS 标准，日本还将减少化肥农药等工业品使用的农产品归类为"特别栽培农产品"，并要求该类型的农产品在外包装上标注出化肥农药的使用数量，进一步获得消费者的信任。日本还建立了"生态农户"标准，符合"生态农户"标准的农民可以得到政府有关机构的认证，可以优先获得政府的农业补贴和优惠。

3. 改造农业技术

可持续有机农业不仅需要政府的政策扶持，还需要加强种子、土壤、肥料等农业技术的改造。在种子方面，农作物栽培方面主要采用抗性作物品种，种子或种苗来自自然界，不使用转基因种苗或基因工程技术改造过的；在土壤方面，凡是划分为农业基地的土地需要从播种或耕作起两年以上不使用禁止的农药和化学合成肥料，利用秸秆还田、施用绿肥和动物粪便等措施培肥土壤，保持养分循环；在肥料方面，日本大力推广堆肥还田技术，鼓励农户使用有机肥料，减少化学肥料的使用；在农药使用方面，采取物理和生物的措施防止病虫草害，并根据各地的气候等特殊条件建立防治体系。

（四）以色列节水与无土农业模式

与其他国家相对良好的农业生产自然条件比较而言，以色列的土地资源和水资源极其匮乏，这极大地限制了以色列农业的发展。为了突破水及土地资源这两种农业要素"瓶颈"，以色列加强科技研发，坚持科技兴农，走出了一条节水农业与无土农业的绿色农业模式。以色列节水与无土农业发展主要采取以下三项措施。

1. 推动农业技术突破

由于极其恶劣的自然条件，以色列可用于农业生产的水资源极少。为了转变这一农业生产中的劣势，以色列加强农业科学技术发展，推动农业技术突破。以色列已经研制出世界最先进的喷灌、滴灌、微喷灌和微滴灌技术，完全取代传统的沟渠漫灌方式，使水肥利用率高达80%，比传统的灌溉方式节水、节肥30%以上，实现农业节水技术的飞跃。节水技术的突破，极大地促进了以色列农业的发展。除了节水技术的发展，以色列还充分利用高科技优势发展无土栽培，即直接向植物提供无机营养液确保作物生长发育所必需的营养，并将太阳能直接转化为热量，为农作物生长提供直接的养分及热量。以色列的无土栽培农业模式既无污染又节约土地资源，是发展现代绿色农业的成功模式。

2. 完善农业基础设施

为了适应以色列独特的气候降雨条件，解决南北降水不均衡的问题，以色列政府大力兴建"北水南调"工程，建设集水设施，最大限度地收集和贮存雨季天然降水资源，用于农业生产。水利农业基础设施的完善，可以为以色列的农业进步奠定良好的基础。

3. 调整农作物种植品种

由于以色列农业生产的自然条件有限，因此必须根据本国实际情况进行农作物的选择性种植。改种和增种对土地资源要求低、技术含量较高、经济效益较高的经济作物，减少对土地要求较高的粮食作物的种植，进口高耗水的养殖产品和饲料。除了对农产品的品种进行选择，以色列还依据自然气候的差异将国家分为不同部分，并鼓励各地区按照气候条件选择合适的农产品进行种植。

（五）加拿大保护性农业模式

加拿大的农业发展极为迅速，其农业以生产规模大、生产高度机械化、信息化、专业化为特点，以理论化为基础，以机械化为发展手段，向可持续的保护性农业推动。20 世纪 30 年代，加拿大的过度开垦和种植导致土壤退化严重，土壤沙化，气候环境恶劣，这些问题使农业生产面临极大的挑战。以经济效益、社会效益、生态效益为出发点，德国制定了一系列行动方案，积极推行保护性农业模式。从 20 世纪 50 年代至 90 年代，保护性农业在加拿大得到迅速推广，保护性农业耕地面积也快速扩张。保护性耕作是相对于传统耕作的一种新型耕作技术，其以保土、保肥、保水为核心，以改善环境质量、提高农业生产能力为主要目的，由若干土壤耕作、栽培措施有机组成的一种特定的耕作措施。加拿大保护性农业模式的经验可以总结为三个方面。

1. 加强政府引导

加拿大政府积极在全国各地推广保护性农业耕作。首先，在保护性耕作方式推广之前，加拿大政府鼓励各类科研机构和民间组织开展保护性试验，为技术的开展奠定良好的基础。其次，在推广之初，政府建立较为系统的农业补贴政策，健全农业补贴机制，对于直接参与保护性农业计划的农民3万加元的补贴金。再次，在推广中期，政府组织保护性农场的评比计划，从各参选的农场中选出发展较好的作为保护性农业示范基地。政府组织建立农场参观团，带领农民去观摩学习，为他们提供可以借鉴的发展经验，促进其发展进步。最后，政府建立EEP计划（环境农场计划），这一计划以农场为主体，以技术为关键措施，鼓励各农场主利用有助于环境保护的新兴技术，对于利用该技术的农场主进行资金和技术补贴。保护性耕作农业在加拿大的迅速推广与加拿大政府的大力引导有着密不可分的关系。任何新兴的农业发展模式从产生到获得农民接受都需要一个漫长的时间过程，在发展模式推广初期，农民较难接受，政府需要以一个引导者的身份对农民加以管理，扶持，以保证该发展模式得到深入贯彻。

2. 加快农业科研投入及农业技术推广

作为一种逐渐发展起来的农业模式，加拿大十分注重在保护性农业耕作技术、农业机械等方面的技术投入和实验研究。加拿大建立了完善的科研体系，在各地区建立专门的科研机构，保证农业技术得到快速进步和推广。该科研机构及人员主要对保护性耕地进行研究，总结大量的农业数据，开展关于农业气候研究、农业环境保护等方面的问题探讨。同时，加拿大建立了完善的推广体系将农业技术传授给农民。加拿大的农业科学研究人员不仅参与农业试验，而且在各个农场进行广泛的农业推广。科研人员与地方农场主展开广泛地实践交流，宣传科学研究成果及技术，帮助各农场建立适合的农业技术模式。这种做法，一方面保证了农业技术的传达；另一方面有助于农民与科研人员的双向交流，丰富科研人员的农业实践，为更符合实际的技术研究提供经验。

3. 建立完善的农业管理体系

农业技术和模式的迅速发展，离不开完善的农业管理体系。在保护性农业耕作模式发展初期，政府便建立了自上而下、信息通畅的管理体制机制。加拿大的农业管理体系贯穿了农业的整个生态链，其中包括农业技术的研发到推广，再到实践、反馈；便捷、主体多元化的农业信息服务系统；土地开发利用的监管系统。在初期，加拿大建立农业科研体系，推动农业技术的研发及宣传。在实践期间，加拿大建立土地利用监管体系，保证各项生态化的农业耕作办法的贯彻实施，并对破坏土壤环境、造成生态恶化的农场进行惩罚。在农业后期，建立健全机制完整的农业信息服务系统，为农场主提供多元化、全面的农业信息。完善的农业管理体系的建立，既促进了农业技术的快速发展，也保证了新型农业技术的宣传推广，更促进了新型农业模式的开展。农业管理体系是一个农业发展道路开辟的基础性工程，对于加拿大保护性农业模式的进步发挥着奠基性的作用。

（六）中国台湾地区"精致农业"模式

与发达国家日本相类似，中国台湾地区在经历过农业的黄金发展期之后，同样面临着土地及劳动力稀缺的问题。同时，由于台湾地区经济的迅速发展，人民的消费观念逐渐转换，对农产品的质量要求逐渐提高，环保意识也不断增强。这些新形势的出现要求台湾地区做出应对。因此，在20世纪80年代之后，中国台湾地区逐渐摸索出了一条"生产、生活、生态"全面发展的"精致农业"道路。"精致农业"是指在充分利用自身资源特色与优势的基础之上，以市场为导向，以技术为依托，按照资源最佳效益原则，根据"多功能农业"的思想，在开发市场或潜在市场容量大的高产值产品的同时，将农业与当地特有的旅游资源相结合，将追求中长期利益与追求消费时尚的短期利益相结合，全面发挥农业经济、生态、社会功能。台湾地区"精致农业"发展有四个方面值得借鉴。

1. 推动农业科技进步

为了促进精致农业迅速发展，台湾地区加大农业技术投入，发展技术及资金密集型的农产品种植技术。利用自动化温控室来栽培特殊品种的农作物，以突破土壤、气候等方面的限制。自动化温控室的出现，不仅可以种植反季蔬菜，满足消费者需求，而且可以通过控制湿度、温度等，减少农药使用，提升农产品品质。注重农作物新品种的研发，不断培育和引进优良品种，将传统农业向优质化推动。

2. 健全农产品市场体系

台湾地区重视农产品市场体系的完善，加快农产品流通交易。"精致农业"是一个包括农产品产前、产中、产后全过程的综合体系，要求注重农产品的生产及加工质量。台湾地区不断延长农产品的生产链，建立精致产后加工系统，实现农产品的深加工增值。加强农产品市场管理，建立健全农产品的市场体系，促进绿色有机农产品的供销对接。

3. 推广绿色生产方式

"精致农业"属于有机生态农业的范畴，要求遵循可持续的绿色发展方式。台湾地区积极发展生物防治办法，利用非农药方法来防治植物的病虫害，并通过综合防治、生物防治等办法来减少农林牧渔业农产品的农药使用次数。积极推广轮作休耕制度，利用堆肥还田等绿色方式增加土壤肥力，提高土地生产能力，减少肥料的频繁使用。

4. 促进休闲农业进步

农业作为集经济、社会、生态于一体的多功能产业，需要深度挖掘其多功能性。作为"精致农业"中极为重要的生态观光农业，台湾地区极其重视农村的生态环境及基础设施建设，为休闲农业发展奠定基础。休闲农业就是利用各地的优势农业资源，并结合优美的生态环境，为消费者提供观光旅游、农作的休闲场所。休闲农业的快速发展，使台湾农业快速朝着多功能、精致化的方向发展。

（七）经验借鉴

1. 完备的法律体系

从发达国家和地区绿色农业发展的历史与现状来看，政府制定完善的法律体系是保障绿色农业的基础。发达国家和地区普遍都会颁布一系列法律法规来保障绿色农业的健康发展。完备的农业法律体系，为新型的农业模式推广提供了坚实的法律基础。法律作为一种保证性措施，以全国性农业为主体，为农业的发展提供原则和基准。从 20 世纪 80 年代起，美国开始建立有关农业生产、农业资源开发、农业环境保护、农业农村可持续发展的法律法规和长期实施计划，在农业生产、农产品流通、产品质量及农业资源和环境保护等方面都有明确的法律法规用于规范农业行为，包括联邦农业部在内的多级行政机构实质上都是农业可持续发展执法监督和管理机构。日本通过立法把农业环境保护政策和措施法治化，完善农业环境保护法规体系，依法治理农业环境污染，有关农业法律对日本有机农业进行规范，快速推动日本农业从常规农业生产向绿色有机方向转变。其他各个绿色农业快速发展的国家和地区也都颁布和实施了一系列有关农业的法律法规，明确规定农业生产、销售及消费的各方面必须与资源环境保护相结合，以此来约束农业生产活动，防止生态污染、环境破坏、资源过度消耗、危及人民生活等情况发生。

2. 有力的政策支持

政府提供有力的政策支持是发达国家和地区发展绿色农业的重要保障。管理、资金等政策的完善可以有效促进各类生产要素进入绿色可持续农业领域。美国政府对从事生态环境保护的农民给予多样化的支持，提供信贷担保及贷款利息、价格补贴等，从数量和范围上加大对农业生态环境保护的直接补贴。另外，美国进一步加大对农业科研的补贴力度，注重构建科学的可持续农业发展所必需的教育、科研、推广体系。除此之外，为了促进可持续农业的发展，美国加大对农药、化肥等工业品的管理，完善监管政策，把农药、化肥等的使用量控制在适当的水平，维护农业的自然属性。德国加强对生态农业的财政支持力度，制定一系列农业保护政策，完善对农业的财政支持政策。德国政府制定了保护农业、农民收益的政策，通过农产品价格保护等政策，保证农业从业人员与其他人员的收入保持均衡，保障农民的生产积极性。日本进一步推动有机农业的发展也在很大程度上依赖于国家的政策支持。日本开展农业环境保护主要是依靠政府在不同时期制订和实施的各种政策和措施，其中包括农业补贴政策、有机农产品认证制度、农业管理政策等，依靠政府在不同时期制定和实施的各种政策和措施促进和引导本国农业可持续发展，农林水产省规定，对审查合格的环保型农户，可由银行提供额度不等的无息贷款。

3. 坚实的科技支撑

绿色农业发展需要强有力的科技支撑。发达国家和地区十分重视农业科研体系建设、技术推广、人才培养，尽管模式不尽相同，但都形成了机构齐全、设施先进、运转高效的农业科研、教育、推广体系，形成了健全的农业科技创新与应用体系。为推动可持续农业的发展，美国逐渐形成完善的农业科学研究、推广、生产结合的体系，并且使得科研机构与农业生产紧密联系。美国也大力加强在农业机械、农产品新品种、农业种植等方面的科技投入，并在农业机械化及其自动化开发利用、农业新品种研发及种植等方面取得重大突破，促进了绿色农业的可持续发展。日本把科技作为发展有机农业的重要突破口，强调政府、科研单位、农民密切配合，发展农业生物技术、新型农药、新型农业栽培方式、病虫害的各类防治办法，同时通过各种政策大力推广使用这些技术。世界农业发达国家和地区也都建立了农业科技投入保障体系，以色列每年用于农业科研开发的投资占国民生产总值的3%，特别是在节水农业建立了一整套科技体系，其先进的灌溉技术使水肥利用率高达80%，成为世界节水农业的典范。台湾地区发展的"精致农业"也极为强调农业科技工作的推进，发展以技术密集和资金密集为特征的设施栽培，突破了限制农业发展的气候和自然环境，生产了市场需求旺盛的水果、蔬菜等农作物，建立体系完善的农业科研机构，鼓励农业企业与相关学科专家签订科研协作协议，提高农业科技含量。

4. 完善的农产品质量安全体系

为了确保农产品质量安全，发达国家和地区十分重视农产品质量安全体系建设，确保为消费者提供真正满足其健康需要的农业产品。德国根据《有机农业和有机农产品与有机食品标志法案》制定了有机绿色视频的简仪表阻焊，对有机食品的生产过程，各种生产资料的使用、原料的使用、单位面积上的畜禽数量、化肥农药残留量等均做出了规定。德国建立生态产品监测系统及有机农产品认证系统，进一步保障绿色有机农产品的质量符合规定，提升绿色产品的市场知名度及市场接受度。日本也同样如此，建立了有机农业的农产品认证制度。日本在发展有机农业上，通过对符合国家有机农业生产、产品质量、规格等进行认证，并给予补贴和优惠政策，提高农民的参与积极性。日本建立了 JAS 标准，加强对有机农产品产地，生产过程，质量的管理，保证有机农产品的质量。日本也建立和完善了绿色有机农产品生产的质量标准体系、检测检验体系、认证认可体系，对绿色有机农产品的生产、加工、包装、运输、销售等各个环节实行全程质量监控，以保障绿色有机农产品的质量安全。

5. 转变农业发展方式

农业作为各国经济发展的基础和支柱型产业，其快速发展进步对国家的产业进步、国力富强有着重大的推动作用。转变农业发展方式是当代社会各个国家都需要直面的农业问题。农业以单一的生产方式发展，必然会面临"瓶颈"，因此需要充分发挥农业多功能性，大力转变农业发展方式，将农业与其他产业联合，相互促进。从世界各发达国家或地区的农业发展路程来看，它们充分挖掘农业经济、生态、社会和文化的多功能潜力，不断开拓绿色农业新模式，寻找农业增长新动力。德国的市民农园在使市民享受田园之乐的同时，提升了公民对绿色农业的认知度，有效促进了当地生态农业的顺利发展，为市民提供了自给自足的绿色农产品以及休闲娱乐及社交场所、提供退休人员或老年人最佳消磨时间的地方、提供自然、绿化、美化的绿色环境，同时土地租金还增加了国内农业总产值。日本以观光型农业、设施型农业、特色型农业为代表的都市农业模式，将农业与旅游业结合、有效利用先进的农艺技术建立现代化的农业设施，保证无公害农产品的四季供应，形成国际市场竞争力。

二、我国种植业推进绿色生产发展的模式和实践

经过多年的建设和发展，我国在实践过程中创造出许多不同类型的种植业绿色生产发展模式，根据种植业绿色生产过程的构成要素、手段方式、作用机理等方面的差异，本书将实践中不同类型的种植业绿色生产模式主要归纳为节约型绿色生产模式、立体型绿色生产模式、循环型绿色生产模式、多功能型绿色生产模式四大类。

（一）节约型种植业绿色生产模式和实践

节约型模式是指以提高资源利用效率为核心，以节地、节水、节能、节时、节肥、节药等为重点，用最少的资源占用和消耗，生产最多的优质安全农产品。通过各个环节的"节约"发展绿色种植业，其本质在于依靠科技、突出节约、重在效益。该模式主要包括三种子类型：一是投入品节约型模式。减少种植业生产过程中化肥、农药、农膜等有害物质与负能量投入，探索化肥、农药、农膜减量与替代的配套技术，大力推广测土配方施肥技术，推广使用高效、低毒、低残留农药，推广生物降解地膜技术，推广优良品种与定量精播种。二是资源节约型模式。面对土地和水资源日益稀缺的生态现状，重点发展节水农业和节地农业发展模式。节水农业是指为提高农业水资源有效性，而采取的一系列节水措施在时空上的优化组合形式，主要包括品种节水、工程节水、农艺节水、作物节水、机制节水等模式。节地农业主要指充分利用土地空间，提高土地生态系统综合效益的农业，其主要模式是构建多种形式和多种层次的立体农业，如耕作种植业钟的间作套种和多熟种植、林业生产的立体结构、稻田养鱼、水体多层养殖等。三是能源节约型模式。节能型农业一方面要求在农业生产过程中最大可能地节约使用煤、石油、天然气等常规能源，另一方面要求充分提高生物质能源的利用效率。其关键就是要大力推广节能技术，减少能源消耗，改革不合理的耕作方式和种植方式，探索高效、节能的耕作制度、节能型农业机械和设施设备。

实践案例①：

甘肃省金川节水节膜型绿色生产模式。针对西北干旱区水资源短缺、"白色污染"问题，甘肃省金昌市金川区古城村现代生态农业示范基地构

---

① 我国已形成六大区域现代生态农业模式 甘肃"节水环保型生态农业建设模式"位列其中 [EB/OL]. 甘肃省人民政府网. [2016－11－30].

建了"农田综合节水＋地膜综合利用＋种植间作套作"的节水环保型生态农业建设模式。综合应用膜下滴管、根区导灌等节水灌溉和垄膜沟灌、全膜沟播沟灌等节水栽培技术以及间作套作技术，发挥保墒、集雨、节水、增产等多重效果。应用地膜一膜多用覆盖技术，减少地膜使用和残留量。对回收地膜，采取高温溶解铸型，生产适宜城市供水、供暖等市政工程中使用的复合型井盖。该模式使地膜残留量明显减少，废旧地膜回收率达到85%以上，加厚地膜使用率达到95%以上，产量平均增加6%左右。

无锡市惠山区蔬菜节肥节药绿色种植模式。无锡市惠山区分布了无锡市重要的蔬菜基地，由于蔬菜生产过程中曾经普遍存在农药、化肥过量使用现象，使得提高蔬菜产量、确保蔬菜安全面临着很大的瓶颈和隐患。针对农药、化肥的过量使用，惠山区提出对主要病虫害进行群防群治、对土壤进行体检修复、对生产过程进行科学安全管控的绿色防控思路，蔬菜生产绿色防控覆盖连片面积达到5000余亩，防控时间跨越了主要病虫害年度高发期，采用的技术涵盖了6大类23个方面，在江苏省内成功地实现了"城郊型蔬菜生产绿色防控示范区建设"创新尝试。

中节能（乐平）光伏农业生产模式。中节能乐平公司打造20MW农业大棚光伏电站项目，占地面积约1100余亩，建设现代农业示范棚1个、联栋大棚49个，在棚内种植绿色、有机、无公害农产品。在大棚的南屋面，安装了太阳能电池板，装机容量为20兆瓦，预计年均上网电量为2025.76万千瓦·小时，产值2000多万元。与相同发电量的火电相比，相当于节约标准煤6320.37吨/年，减少二氧化硫排放量151.16吨/年、烟尘2130.75吨/年、氮氧化物29.92吨/年，灰渣2660.42吨/年，达到了环保和收益共赢的目标。该项目一方面通过将新能源与现代农业相结合的方式，在大棚屋顶安装太阳能电池板，利用太阳能资源生产清洁能源；另一方面，在棚内采用绿色无公害种植方式，按有机农产品种植标准管理，生产安全无公害绿色农产品，实现了高新科技与现代农业的完美融合，对带动具有"江南菜乡"称号的乐平市蔬菜产业发展具有重大意义。

（二）立体型种植业绿色生产模式和实践

立体型模式主要是利用生态系统中不同海拔地带、不同空间环境组分的差异和不同生物种群适应性的特点，在空间立体结构上进行组合配置，在垂直方向上建立由多物种共生共存、多层次合理布局、多级质能循环利用的立体种植生态系统模式，发挥生态系统整合效应。该模式根据土地资源类型分为：（1）林果地立体种植模式。主要利用林果和农作物之间在时空上利用资源的差异和互补关系，在林果株行距中间开阔地带种植粮食、经济作物、蔬菜、药材、瓜类或者放养畜禽，形成林果—粮经、林果—畜禽不同类型的农林复合模式，从而获得更好的综合效益，如果粮间作、林草间作、枣粮间作、桐粮间作，以及在林下养殖畜禽、培植食用菌等。（2）农田平原立体种植模式。这类模式大多在水肥条件较好的耕地开展，将不同作物及品种按照农田生态规律科学地进行间作、套种、混种、复种等，从而获得较好的经济效益、社会效益和生态效益。如农田中高矮作物、耐阴与喜阳作物的间套复种，粮粮、粮菜、粮棉菜、粮油菜立体种植模式等。（3）水域立体种养模式。该模式常见的有水面种菜、水中养鱼、鸭稻共生、稻—鳅（鱼）混养、虾稻连作、稻蟹（蛙）共生等。（4）农家庭院立体种养模式。利用农家院落，发挥庭院资源优势，运用系统工程方法，建立种植、养殖、沼气、综合利用的立体农业模式。如农家院果菜花立体种植模式、大棚猪舍沼气立体种养模式等。

实践案例①：

平昌县云台镇粮经复合立体种植模式。云台镇16个村，耕地面积1.9万余亩，全镇春玉米种植面积9900多亩。过去，由于单一的粮食种植土地效益低，村民纷纷外出挣活钱，土地荒芜无人问津。2014年，云台镇在石城村率

---

① 上海时刻. "粮经复合"种植模式让平昌云台镇百姓鼓起了"钱袋子"[EB/OL]. 搜狐网. [2016-02-24].

先实施推行了一种全新的种植模式——"粮经多种复合"立体种植模式，即：旱地有"芋—玉—菜""玉—菜—菜""麦—玉—苕—菜"几种形式，一般来说地留行种春玉米，套种春洋芋（马铃薯）、培植春季瓜茄、葱蒜、辣椒等蔬菜类品种，可产粮2000斤，收入5000元；稻田"稻—菜—菜"模式，水稻收割后栽油菜、莴笋，产粮1000斤，收入10000元。土地轮作，循环种植，一年四季不空闲，运用"粮经复合"模式达到高产高效。

云南广南县林下经济立体模式。近年来，广南县充分利用林下资源，积极推行"五种模式"发展林下经济，即依托铁皮石斛野生驯化栽培技术发展林下铁皮石斛种植的"林药"模式，林下建凉棚种植木耳、平菇、香菇、草菇和鸡腿菇等食用菌的"林菌"模式，林下放养或圈养鸡、鸭、鹅等禽类的"林禽"模式，林下规模饲养肉牛、奶牛、山羊、野兔等畜类的"林畜"模式，根据林间光照程度和蔬菜的需光特性种植各类蔬菜的"林菜"模式，可实现林下经济总产值2.5亿元。

北京市怀柔区鱼菜共生立体模式。北京怀柔区东方尚品农业种植专业合作社采用鱼菜共生模式，池塘上面种菜、池塘下养鱼，池塘里的水通过管道给蔬菜提供营养水，形成了一整套小生态系统。设计了蔬菜立体种植区和"回"字形渔业养殖区。养鱼的水精准过滤后，变成了自带有机肥的"营养液"供给蔬菜，种菜的水经过养分吸收后，又变成适合养鱼的水，鱼菜实现和谐互助。经测算，立体栽培模式增加了大棚蔬菜种植面积13.4%，蔬菜年产量可比传统种植模式增加4茬，棚内养鱼年收入也可达1万多元。增收的同时，还大大节省了种菜、养鱼的耗水量，实现了生态效益和经济效益双丰收。

雅安市名山区立体生态茶园模式。近年来，极端气候频繁出现，名山区茶叶主要栽培品种"福选九号""名选213"等为特早生品种，"倒春寒"致茶叶受冻损失严重。但生产实践中凡是套种了高大常绿树木或是顺山边、林边的茶园，均未受到早春冻害的影响。名山区大力推广"茶+贵"（桂花、银杏、桢楠、红豆杉、紫荆等珍贵树种）生态立体种植栽培模式25万亩，实现了林业与茶叶种植的有效对接。这种立体茶园种植模式的优势有：一是防早春冻害，保春茶增收。二是增加茶园侧方庇荫，适当减少茶园阳光直射，提高茶叶品质。三是减少茶园病虫害，减少农药使用量。四是可增加土壤肥力。五是增加茶农经济效益。栽种 3 ~ 6 厘米的桂花，栽后 5 年可成绿化树种，米径可达到 10 厘米以上，每株可卖 500 元。每亩栽 20 株林业纯收入 10000 元，平均每年每亩可增加收入 2000 元。栽种 3 ~ 6 厘米的银杏，栽后 10 年可成绿化树种，米径可达到 15 厘米以上，每株可卖 2000 元。每亩栽 20 株林业纯收入 40000 元，平均每年每亩可增加收入 4000 元。六是美化茶园，带动旅游产业发展。通过立体花树种植让茶区变景区、茶园变公园、劳动变运动、产品变商品、茶山变金山这"五变"来打造"花香茶海"，让名山走上了"景区茶区一体化"的路子。

（三）循环型种植业绿色生产模式和实践

循环型模式是一种以资源高效利用和循环利用为核心，以减量化、再使用、再循环为原则，通过农业生态系统水平的能量和物质的多级循环利用，实现生态的良性循环和农业的可持续发展。根据循环系统的范围，循环模式可分为：种植业废弃物循环利用模式、畜禽养殖废弃物循环利用模式、农村居民生活废弃物循环利用模式，种养结合一体化循环农业模式等。其中与种植业绿色生产方式紧密相关的主要有种植业废弃物循环利用模式和种养结合一体化循环农业模式。

1. 种植业废弃物循环利用模式

该模式是将种植业生产过程的副产物秸秆、稻壳、枝条等通过加工处理变为可用资源加以利用，实现废弃物资源化，从而消解其对环境的污染和生态破坏，保障种植业可持续发展。比较常见的模式包括：（1）农作物秸秆—饲料—养殖模式。主要利用番薯藤蔓、玉米秸、豆类秸秆、甜菜叶等加工制成氨化、青贮饲料、稻草作为草食性畜牧业的食料等。（2）农作物秸秆—菌肥—种植模式。农作物秸秆含有大量的氮磷钾元素和微量元素及有机质，推进秸秆过腹还田、腐熟还田和机械化还田，能够净化环境、增加土壤有机质，促进种植业良性发展。（3）农作物秸秆—食用菌模式。利用秸秆等作为生产食用菌的基质材料，剩余的菌渣做有机肥，发展种植业，或者用菌渣做生物饲料，发展畜禽业，粪便还田用于种植业。

2. 种养加结合一体化循环模式

该模式是以沼气为纽带，利用食物链加环技术，将种植业、养殖业以及加工业联系在一起，通过增加农作物秸秆、畜禽饲养和沼气池厌氧发酵，将传统的单一种植和高效饲养以及废弃物综合利用有机地结合起来，在农业生态系统内部实现资源循环利用，达到高产、优质、高效、生态、安全的目的。常见的模式有：（1）北方"四位一体"生态循环模式。该模式是在自然调控与人工调控相结合条件下，种植业和养殖业相结合，通过生物质能转换技术，在农户的土地上，在全封闭的状态下，将沼气池、猪禽舍、厕所和日光温室等组合在一起，形成以太阳能、沼气为能源，以沼渣、沼液为肥源，实现种植业（蔬菜）、养殖业（猪、鸡）相结合的能流、物流良性循环系统。运用该模式冬季北方地区室内外温差可达30℃以上，温室内的喜温果蔬正常生长、畜禽饲养、沼气发酵安全可靠。在辽宁等北方地区已经推广到21万户。（2）南方"猪—沼—果"三结合模式。该模式是利用山地、农田、水面、庭院等资源，采用"沼气池、猪舍、厕所"三结合工程，围绕主导产业，因地制宜开展"三沼（沼气、沼渣、沼液）"综合利用，从而实现对农业资源的高效利用和生态环境建设、提高农产品质量、增加农民收入等效果。具体形式就是"户建一口沼气池，人均年出栏两头猪，人均种好一亩果"。该模式在南方得到大规模推广，仅江西赣南地区已发展25万户。

实践案例[①]：

安徽省农作物秸秆综合开发循环利用模式。安徽省对农作物秸秆及其生物质的再利用有不少成功实例，如安徽国风集团有限公司用农作物秸秆

---

① 孔令聪等. 安徽省循环农业模式研究. 中国农业资源与区划, 2008（6）.

和废旧塑料生产出木塑型材，中国科技大学用农作物秸秆、枝丫柴等废弃物生产出生物油，安徽省肥西县米厂利用稻壳秸秆加工后发电，产生的废弃物还可综合利用，不仅解决了农村环境污染问题，还可收到显著的经济效益。安徽砀山县砀山梨生产产生大量废弃物，其中修剪后的废弃枝条亿吨，因加工生产而废弃的果渣万吨利用这些废弃物生产香菇等食用菌，废弃的菌棒再还田，通过"砀山梨废弃物—食用菌—有机肥—梨园"实现物质的循环利用，不仅创造了年产值多万元的经济效益，为社会供应了优质的食用菌产品，而且明显改善了砀山梨园土壤的理化性状，取得了良好的经济效益、社会效益和生态效益。

甘肃省山丹县废旧农膜资源化利用模式。山丹县是甘肃省18个严重干旱缺水县之一，农膜年使用量达1620万吨，成为影响农业农村发展的突出性环境问题。近年来，县委、县政府高度重视废旧农膜回收利用工作，出台《山丹县废旧农膜回收利用实施意见》，每年安排500万元专项经费，用于扶持废旧农膜回收利用企业建设和各乡镇废旧农膜清理回收。争取实施山水林田湖生态保护修复工程农田废旧地膜清除回收奖补项目、废旧地膜回收利用示范县建设项目、甘肃省可降解地膜应用示范项目、全生物降解地膜替代技术示范项目、省级财政专项补助资金等，总投资1180万元。建成山丹县永福再生资源有限责任公司、山丹县华塑塑料制品有限责任公司2个废旧农膜回收加工企业，年加工能力达5000吨。建成高标准废旧农膜回收利用网点11个，形成了收购—拉运—加工一体化的废旧农膜回收利用体系，全县废旧农膜回收率达到80%以上。

重庆奉节县柑橘"猪—沼—果"循环农业生产模式。奉节县现有柑橘面积32万亩，涉及26个乡镇167个村，是当地农村经济社会发展的骨干支柱产业。为了充分实现生态资源产业化，产业产品生态化，走绿色、节能、环境友好的现代柑橘产业之路，自2003年以来，在草堂镇欧营、柑子、石马村，白帝镇八阵村，康乐镇铁佛村，安坪镇三沱村建成"猪—沼—果"绿色能源示范村。据调查，一口8立方米的沼气池，以3口之家3亩果园为例，配套存栏3头猪，年出栏6头，纯利润800元；每年产沼肥

16～20吨以上，可满足3亩柑橘园施肥，每亩节约化肥350元以上，年可节资1050元；通过叶面喷施沼液防治病虫害和补充微肥，农药用量每年减少50%，年节约农药和微量元素叶面肥等500余元；每池每年产沼气300立方米，节约燃煤500元；柑橘果园增产15%以上，年果实增产150千克，增收500元。年可增收节资3350元。按照柑橘主产区农村用户沼气池每年配套使用70%的比例推算，每年可生产沼肥8万吨以上，可解决4万余亩柑橘园有机肥投入。全县柑橘产区，采用"猪—沼—果"循环经济生产模式，仅此一项，每年节本增收5000万元以上。

贵州兴义十里坪山地循环生态农业发展模式。贵州省兴义市鸿鑫农业发展有限责任公司按照"猪—沼—菜—猪"的生态循环农业模式建设无公害精品蔬菜基地4000亩和全州规模最大的年出栏5万头的生猪养殖场，年可生产蔬菜4万吨和年出栏5万头生猪，实现产值2亿元，解决就业500多人，平均年收入3万元以上，形成了集种、养、加、销、旅于一体、第一、第二、第三产业融合发展的山地循环农业模式。以大型沼气池和有机肥加工厂为纽带，以台湾地区的生物技术为指导，利用氨基酸、生物酶将养殖产生的粪便、污水做到快速成肥处理，做到了农业生产全程零排放、零污染，沼气池产生的沼气部分用于发电，满足猪场基本生产，其余通过池气管道输送给园区十里坪村的93户农户免费使用，一年后由村委进行管理，村委收取适当的维护管理费用，节约能源；沼液和有机肥全部用于种植，种植产生的废菜叶用于生猪养殖和加工有机肥，将种养殖有机结合在一起，循环综合利用。目前"猪—沼—菜—猪"的鸿鑫生态循环农业模式已取得初步成效，公司现按照400头猪配套100亩地蔬菜种植对敬南镇海子村推行种养殖循环模式示范基地，通过示范后在兴义市推出100个示范点进行推广建设，克服贵州典型的山多地少的喀斯特地形，打造有代表意义的种养结合的山地循环生态农业模式。

（四）多功能型种植业绿色发展模式和实践

多功能型模式是以农业生产活动、现代农业设施、自然田园景观、农村人文资源等为载体，拓展农业的生产、生态、生活等多元功能，融合现代农业、旅游业、文化产业、健康产业、电子商务等多种业态，经过规划设计和配套建设，为城乡居民提供观光采摘、休闲度假、农事体验、科普教育、示范推广、养生康体、文化创意等多项服务，从而实现多元功能价值提升、三次产业深度融合、乡村城镇协同发展的新型种植业绿色发展模式。依据载体和形式的不同，比较常见的模式包括：（1）田园农业观光模式。以农村田园景观、农业生产活动和特色农产品为旅游吸引物，开发农业游、林果游、花卉游等不同特色的主题旅游活动，满足游客体验农业、回归自然的心理需求。（2）农家乐旅游模式。指农民利用自家庭院、自己生产的农产品及周围的田园风光、自然景点，为游客提供"吃农家饭、住农家屋、做农家活、看农家景"的农家体验活动。（3）特色村镇旅游模式。将休闲农业与美丽乡村、特色小镇建设有机结合，以古村镇宅院建筑和新农村格局为旅游吸引物，开展休闲农业。（4）现代农业园区模式。以农业科技示范园区、休闲农业示范区、休闲农园等各类型农业园区为载体，以农业高科技为支撑、以农业设施工程为主体，集新奇特农业展示创意、科技示范、科普教育、绿色有机生产、观光游览、农产品贸易等为一体。

实践案例①：

上海金山区吕巷水果公园发展模式。吕巷镇是金山区的农业大镇，被誉为金山的"生态绿核"。近年来，吕巷镇紧紧围绕习近平同志视察吕巷时提出建设"百里花园、百里果园、百里菜园，成为上海市的后花园"的要求，把现代都市农业与观光休闲旅游有机结合，积极打造一个集生态示范、生产创收、科普教育、赏花品果、采摘游乐、休闲度假于一体的万亩水果公园。吕巷水果公园主要分四个片区，即以蟠桃产业核心为主的金石公路赏花区、以施泉葡萄为主的漾平路特色果林观光区、以蝶镜湖为主的红光路生态氧吧区、以芳心园为主的三园农家乐休闲区。园区以现有的农

---

① 农业农村部绿色发展典型案例调研。

业资源为依托，把第一产业、第二产业、第三产业结合起来，不断推进第六产业发展，探索现代多功能农业发展，逐步形成了生产种植园、水果科研园、采摘游乐园、观光休闲园、文化体验园的特色园区，构建起产销一体的新型农业休闲模式，已形成了"吃水果到吕巷，一年四季水果飘香"的氛围。2015年，吕巷水果公园共接待游客逾68万人次。

北京市房山区中国北京农业生态谷发展模式。位于房山区琉璃河镇，以中粮集团投资为主，总投资额约200亿元人民币，总占地17200亩（11.4平方千米），年产值将超过150亿元人民币，创造就业岗位4万~5万个。"中粮智慧农场"位于"中国北京农业生态谷"的核心区域，规划面积1178亩，集世界水平的高科技农业展示应用、现代农业科普教育、高品质生态田园休闲为一体，打造中国第一个世界级都市农场。内设"一心六园"，智慧农业中心用尖端科技和专利技术颠覆人们对温室的认知。其中，智慧农业体验馆，应用日本引进的最新"悬挂垂花系统"将精制的园艺景观垂于屋顶，花球一年四季常开不败。垂直农业技术综合馆，是巅峰科技的集成，垂直栽培系统、自动漂浮培育系统等最新农业科技前沿技术与设备的实地应用与展示。蘑菇工厂，是鲜见的"无菌工厂"，囊括了姬松茸、舞茸、猴头菇、黄金菇、灵芝等高端菌类品种。都市园艺馆，是智慧农场7个温室的中心，融合了多种南果北种技术、香草栽培技术，以热带果树为主，点缀部分热带雨林植物。中粮自然学校，是国内首家自然学校，集休闲体验教育、自然环境的科学教育和农业科普体验活动于一体。花卉工厂，采用荷兰可移动花卉种植设备，全程计算机控制它们自主移动、培育。番茄工厂，引进多种稀有高价值番茄品种。中国北京农业生态谷已经成为国际农业技术交流窗口和北京都市型现代农业的新名片。

海南梦幻香山三产融合绿色发展模式。"梦幻香山芳香文化园"位于海南省屯昌县屯城镇加利坡，占地650亩，是一个集农业种植、农产品加工、乡村观光旅游等农旅融合的现代农业休闲观光园。园区现已种植了400亩柠檬、150亩芳香苗木、100亩热带水果，5000棵14年生沉香树已陆续开始结香。种植园安装了生态循环系统，保证每株树下都滴灌到位，全程实行"无公害管理要求"规范管理，不仅大幅度降低了农药、化肥使用量，单株产量提高了 25%，产品质量得到极大提升。加大研发力度、延长产品产业链，推动三产融合，园区建立了农产品（如柠檬等香花香草）的种植生产示范园、农产品加工厂，已经研发生产天然植物精油，纯露，精油香皂等芳香系列产品，开展柠檬采摘、儿童拓展体验旅、DIY 等休闲体验活动，初步实现了以现代生物科技产学研结合为支撑，农业生产、农产品加工、休闲旅游为一体的产业融合。

邯郸市馆陶县翟庄黄瓜小镇发展模式。翟庄村是邯郸市远近闻名的"设施黄瓜"种植村，自 20 世纪 80 年代开始种植大棚黄瓜，至今已有 30 多年的历史，全村 1200 亩土地，建设黄瓜大棚 560 栋。2015 年按照县委提出的教育村民、方便村民、富裕村民、壮大集体、美化环境、加强党建"六位一体"建设美丽乡村的要求，开始打造"乡村风情、城市品质"的黄瓜小镇。建设了世界黄瓜博览、中国黄瓜采摘苑、黄瓜食府、黄瓜饮吧、黄瓜美容院、豆花坊、美食林便利店、特色小吃店、酒吧等基础设施以及村史馆、县委旧址、艺术家部落、摄影基地、时光记忆等景点。实现了道路硬化、街道美化、村庄亮化的目标。采摘苑和黄瓜小镇的有机结合，形成了"园镇一体"的格局。计划在"中国黄瓜采摘苑"内建设"瓜样年华"（黄瓜嘉年华）模式，通过景观小品、构筑物、活动策划和黄瓜栽植等多个角度，将黄瓜相关文化元素充分融入观光体验之中。进一步加大美丽乡村建设，将采摘园建设与"黄瓜小镇"，"我在小镇等着你"系列美丽乡村建设有机结合起来，推动"特色产业＋乡村旅游＋互联网"的乡村模式在馆陶县遍地开花。

第 五 章

我国种植业推进绿色生产方式的
路径设计

　　基于国内外种植业推进绿色生产方式的实践和经验，结合我国种植业绿色发展现状和问题，本章运用系统工程学的思想，从理论层面提炼、设计我国种植业推进绿色生产方式的基本路径，主要包括技术创新、科技服务、机制体制创新、产业链延伸、功能拓展五个方面。

一、技术创新

　　技术创新是人类经济社会发展的决定力量，种植业绿色生产要求保证农产品安全，有效解决资源短缺与人口增长的矛盾，这就要求必须以科技为支撑，利用有限的资源保障农产品的大量产出，满足人们对农产品数量的需求，同时加强农产品质量安全体系建设，加强农业的标准化全程控制，提高农产品的质量安全水平。种植业推进绿色生产方式要以绿色农业生产技术创新为依托，广泛应用高科技和先进适用技术改造传统产业，自主开发创造生物技术、农业工程技术、信息技术、管理技术、耕作技术，全面提高产业技术水平。

　　绿色农业生产技术，可以理解为遵循农业生态经济规律而创造的，有利于农业可持续发展的农业生产的物质手段与农业生产组织方式。物质手段可以理解为有利于提高农业生态系统生产力的物质投入与物质工具等，如优良品种、有机肥、农业生产系统与生态环境监控所需的机械设备等；生产组织方式可以理解为按照生态生产力与经济生产力的方式来组织农业生产，如以改变在品种、时间与空间上的立体配置，来调整农业生产结构和农业产业结构。绿色农业生产技术，从大类上主要包括种植养殖空间与时间结构配置生态技术、农业资源节约技术和农作物秸秆循环利用技术。

种植养殖空间与时间结构配置技术是指农业生物品种之间在时间与空间上的组合配置技术，按时间分，具体有农作物套种技术、轮作技术、休耕技术等；按空间分，具体有"畜—沼—菜（果）"立体种养技术、稻田养殖技术、林下养殖技术等。种植养殖空间与时间结构配置生态技术能够实现农业资源的高效利用，减少排放废弃物和污染环境，获得更多的物质产量，其中轮作、休耕技术能够使得用地养地相结合，实现"藏粮于地"，从而达到农业经济效益、生态效益和社会效益的高效统一。

农业资源节约技术是指以提高资源利用率为核心，节地、节种子、节水、节能、节肥、节药，如良种培育推广技术、滴灌溉技术、水肥一体化技术、测土配方技术、有机肥技术、病虫害绿色防治技术等。农业资源节约技术的应用能够大大提高资源利用效率，从一定程度上解决我国水资源短缺、农业面源污染问题。

农作物秸秆循环利用技术是指农作物秸秆的综合开发利用，因地制宜推广饲料化、肥料化、基料化、原料化、燃料化等利用方式，主要有秸秆还田技术、青储饲料技术、秸秆栽培食用菌技术、秸秆制沼技术等。我国每年产生的农作物秸秆有7亿吨，其中有40%~50%的秸秆被焚烧，不仅浪费了资源，使得土壤有机质含量下降，还造成大气环境污染，因此农作物秸秆循环利用技术可以实现变废为宝，节约资源和保护环境。

以技术创新为路径种植业推进绿色生产方式的运行机理如图5-1所示。

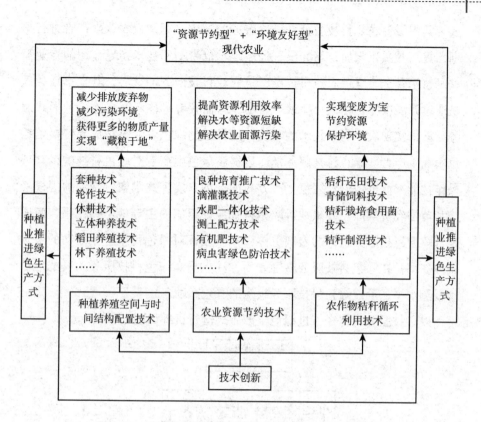

图 5 - 1　以技术创新为路径推进绿色生产方式运行机理

二、科技服务

开展科技服务旨在将研发出来的绿色农业生产新科技转化为现实生产力，科技服务对种植业绿色生产方式起着重要的推动作用。绿色农业科技服务的目标要由提高农民收入转变为提高农民的素质，服务对象是中小农户，可以选择一部分农业科技示范户进行指导，通过指导科技示范户对绿色农业科技的应用来带动其他广大农户。

绿色农业科技服务的主体有政府、农业龙头企业、合作社等各种农民组织、绿色农业技术科研单位、广大农户，其中政府是最重要的服务主体。开展农业科技服务，通过绿色农业科技教育和绿色农业科技推广来完成，其中绿色农业科技教育是科技服务的基础，对绿色农业生产者进行培训，提高其文化素质，培养出一批能起示范带动和技术指导作用的专业型农民技术骨干。绿色农业科技推广是农业科技服务的核心，其根本任务就是通过开展讲座、培训、座谈、考察、远程教育、技术下乡等各种形式服务活动，实现农户与新技术的对接，把最新的绿色农业科技成果传播给绿色农业生产者。绿色科技服务是通过提高绿色生产者对绿色科技的认知和操作技能来促进他们对绿色生产方式的采纳，发挥技术辐射带动的规模经济和范围经济效应。要重视行政型科技服务组织的主导地位和作用，政府是行政型科技服务组织的宏观主体，积极发挥对绿色科技服务活动的宏观调控作用。在绿色科技服务激励方面，注重提高绿色科技服务人员的地位和报酬水平，形成绿色科技服务组织的有效激励。

以科技服务为路径推进绿色生产方式运行机理如图 5-2 所示。

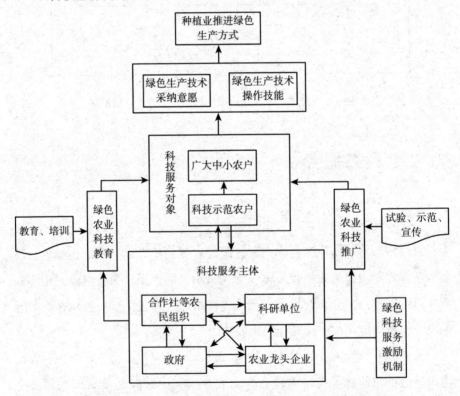

图 5-2   以科技服务为路径推进绿色生产方式运行机理

三、机制体制创新

　　种植业绿色生产方式的推进必须通过机制体制创新，从而降低市场与政府失灵。市场失灵主要表现为绿色农业生产的外部性无法在市场价格中得到体现，需要通过体制创新使外部性内部化，形成激励机制。政府失灵主要表现为农业在提供绿色农产品的同时也会提供生态产品，这种生态产品是一种公共产品，会增加社会福利，由于外部性会使得这种公共产品提供不足，需要政府制定有效的补贴政策，激励这种公共产品的提供。种植业绿色农业生产方式机制体制创新应从四个方面来进行：完善法律保障体系、创新绿色金融与保险支持体系、建立绿色农业生产补偿机制、建立绿色生产发展评价机制。

　　第一，完善绿色农业生产的法律保障体系。从发达国家的经验看，系统出台有关生态环境、循环经济的法律法规，用以约束政府、企业和农业生产者的行为与义务。我国关于绿色农业生产的法律体系还不健全，一是《中华人民共和国农业法》缺乏针对发展生态、循环农业的具体规定；二是我国立法中存在"重污染防治轻生态保护、重源头污染轻区域治理、重末（两）端控制轻全过程控制"等问题。要强化生态环境保护、生态农业建设、农业清洁生产等薄弱环节的立法，加快制定农业环境保护的专门法律，形成推进绿色生产方式的约束机制。

　　第二，创新针对绿色农业生产的绿色金融与绿色保险支持体系。由于绿色农业基础设施的准公共产品特性，决定了财政资金和政策性金融信贷资金是其主要资金来源，在财政资金不足的情况下，政策性信贷资金是重要途径，因此，要对我国当前农业政策性金融体系进行重新构建。通过建立绿色农业保险体系，建立保险基金，对绿色农业生产者或经营者进行风险损失转移，从而对绿色农业经济的稳定发展保驾护航。

　　第三，建立绿色农业生产补偿机制。以绿色生态为导向的绿色农业生产补偿机制是推进绿色农业发展的"指挥棒"，一是将绿色生态理念贯穿于农业各项补偿政策设计与实施全过程；二是不断加大重大生态资源保护补偿政策支持力度，在部分生态脆弱地区探索休耕补贴制度；三是积极创设农业面源污染治理和废弃物综合利用补偿政策，完善农作物秸秆综合利用、残膜回收利用、果菜茶有机肥替代化肥、节水技术与设施、农作物病虫害社会化服务等方面的补偿制度。

第四，建立与补偿机制挂钩的绿色生产发展评价机制。种植业绿色生产是集绿色、低碳、循环为一体的现代农业，绿色生产发展评价体系要反映其绿色、低碳、循环农业生产体现在生态效益、社会效益、经济效益三个方面的有机结合。绿色生产发展评价指标体系由不同层次、不同要素组成，是科学、客观、定量地评价一个区域的种植业绿色生产发展水平，有效提高种植业绿色农业生产管理水平，促进种植业绿色生产方式的推进。绿色生产发展评价机制要与补偿机制相挂钩，才能真正有效的发挥财政补偿资金的效益，全面推动绿色农业发展。

以机制体制创新为路径推进绿色生产方式运行机理如图 5-3 所示。

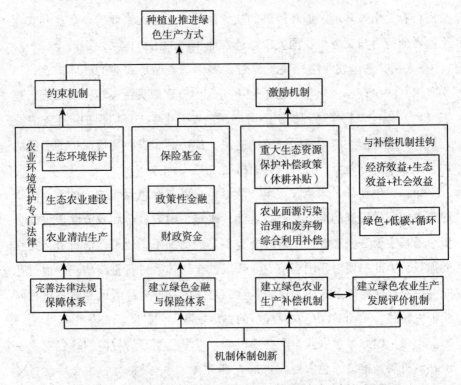

图 5-3 以机制体制创新为路径推进绿色生产方式运行机理

四、产业链延伸

　　种植业推进绿色生产方式可以通过产业链的纵向延伸和横向延伸来实现。通过产业链的延伸可以拓展农业纵向与横向增值空间，提高农产品质量安全水平和附加值，从而提高农业生产效率及竞争力。

　　产业链纵向延伸就是在农业部门内部形成从种植、产地加工、物流到销售的全产业链的绿色生产方式。通过打造全产业链，使生产与销售对接，可以避免因中间流通环节过多引起的农产品质量安全问题，通过消费端对产品的追溯与监督，减少农户对化肥和农药的使用，提升农产品品质。通过发展产地加工及品牌塑造，尽可能把原料"红利"留在产地，促进农产品的增值效应，增加农民收入。

　　产业链横向延伸就是农业产业与非农产业的横向融合渗透，产生的前提是生物技术、信息技术、分子技术、太空技术等高新技术产业的发展，从而形成生物农业、分子农业、太空农业、数字农业、精准农业、白色农业等新型产业形态。以美国为代表的发达国家，将精准农业、分子农业等技术主要用于甜菜、玉米、大豆等作物的种植。这种新型产业集成了生物技术、信息技术、新材料技术、自动化控制技术和现代先进农艺等，在增加农作物产量、提高品质、降低成本、节约资源、减少环境污染等方面效果显著，极大地改变了传统农业的弱质性，提高了农业生产的效率，为现代农业产业的发展提供了更广阔的空间，也为解决地球耕地资源紧缺的问题提供了新的思路。

　　以产业链延伸为路径推进绿色生产方式运行机理如图 5 - 4 所示。

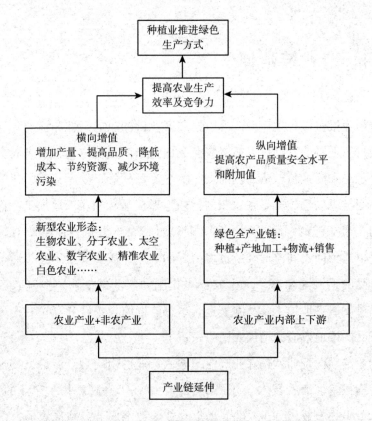

图5-4　以产业链延伸为路径推进绿色生产方式运行机理

五、功能拓展

通过农业功能拓展实现了农业的多功能性：经济功能、社会功能、政治功能、生态功能、文化功能。发挥农业多功能性是我国种植业绿色发展的方向。种植业绿色发展可以通过农业科技园观光、田园农业观光、农业生态园观光、农耕文化体验、教育农园等模式来实现农业多功能性，形成一种集绿色农业生产与科技示范、休闲观光农业、健康养身、科普教育为一体的新型农业产业，实现生态效益、经济效益和社会效益的统一。

农业科技园观光是以农业科技园区为载体，以开展农业高科技生产、农业立体种植与无土栽培、生态农业、科普教育等与农业休闲观光为一体。田园农业观光是以田园农业生产为载体，发展绿色、品质优良的粮食、蔬菜、水果、茶等产业，通过种养加销一体化发展，与休闲观光、康养功能有机结合，让游客在欣赏田园风光中了解体验农业。农业生态园观光是围绕生态农业生产，利用田园景观、自然生态及环境资源，开发具有区域特色的农产品及旅游产品。农耕文化体验是利用农耕技艺、农耕用具、农耕展示、农产品加工活动等，挖掘农村特有的生活文化、产业文化及民俗文化等，通过农业休闲观光得以传承。教育农园是把农业生产与科普教育相结合，利用农业园中的特色植物、农业设施栽培等技术进行科普教育，是新型的素质教育和科普教育基地，具有科普教育、生产生活、观光休闲等功能。

以功能拓展为路径推进绿色生产方式运行机理如图 5-5 所示。

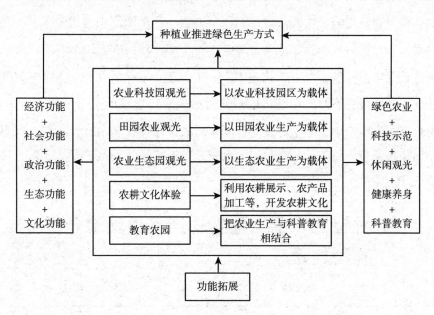

图 5-5　以功能拓展为路径推进绿色生产方式运行机理

第六章

我国种植业绿色全要素生产率变化及分解

我国长期以来重数量轻质量的粗放型发展方式导致农业污染加剧水土流失、耕地质量下降等农业资源环境问题日益突出，需要重视环境要素在农业生产中的影响，尤其需要在农业全要素生产率测算中考虑资源环境的因素。本章针对种植业绿色全要素生产率进行研究，基于 2000~2017 年省级面板数据投入产出情况，构建 DEA-ML 模型，从全国层面，2000~2017 年，不同区域、不同省份等角度，分析种植业环境技术效率、技术进步、绿色全要素生产率，并与传统测算的全要素生产率作为对比，以期对推动种植业生产方式转型，加快绿色发展起到一定的决策参考作用。

一、种植业绿色全要素生产率的理论分析与模型构建

（一）理论分析

从理论上说，种植业综合生产能力的提高来自两部分：一部分是产业生产要素投入量的增长；另一部分是产业要素生产率的提高。随着农业增

第六章 我国种植业绿色全要素生产率变化及分解 | 77

长方式由粗放型向集约型转变，传统的生产要素投入增长已经对种植业产业的进一步发展形成制约，要稳定农业生产，必须要提高生产效率，以最小的资源投入获取最大的产量。因此，研究我国种植业生产效率问题，对促进产量增长、提高农户收益、转变增长方式有着重要的意义。

传统增长理论没有重视经济增长与环境污染的关系，传统全要素生产率的度量往往只考虑资本和劳动等生产要素的投入约束，而忽略了资源环境的消耗，这使其对社会福利变化和经济绩效的评价不够准确，并导致以此为依据制定的政策出现偏差，近些年一些学者开始探索环境对农业生产的影响（王留鑫，2019；孟祥海，2019；吕娜，2019；杨骞，2019），围绕着农业绿色全要素生产率的测算、影响因素及收敛性等方面展开实证研究，对污染变量种类不断扩充，并将化学投入流失考虑进去（杜江，2016）。

效率的测度方法最早由法瑞尔（Farrell，1957）提出，他认为生产的技术效率由技术效率与规模效率构成，是实际产出与理论最大产出的比值。对效率的研究方法主要包括两种：一种是库珀和罗德（Cooper and Rhodes，1978）提出的数据包络分析方法（DEA），属于非参数方法；另一种是艾格特、洛弗尔和施密特（Aigner、Lovell and Schmidt，1977）提出的随机前沿分析法（SFA），属于参数方法。这两种方法各有其优缺点。参数方法的优点是考虑到了随机误差因素并对相关假设进行统计检验，能将随机扰动影响与非效率分开，缺点是在假定前沿面之前就设定了具体函数形式，无法区分设定偏误与非效率性问题，且局限于单一产出；非参数方法（主要是 DEA 方法）能克服前者的缺点。传统 DEA 方法也存在没有考虑随机扰动影响等缺陷，但是相对而言，参数方法优势明显。本章所采用的 Malmquist 指数分析属于非参数方法的范畴。

（二）模型构建

效率包括技术效率和配置效率（Farrell，1957），其中技术效率指给定投入，企业能够获得最大产出的能力（产出技术有效），或者是给定产出，企业使用最少投入的能力（投入技术有效）；配置效率指企业在一定要素投入价格条件下实现投入（产出）最优组合的能力。在一般情况下，农户往往是首先利用现有的资源而不是对其重新组合进而从降低成本中获益，因此更多情况下对效率的测量是针对技术效率。

Malmquist 指数法是基于 DEA 提出的，用于测量全要素生产率 TFP（total factor productivity）的变化，弥补了 DEA 仅能用于相对效率的分析而不能测算具体生产率增长水平的缺陷。Malmquist 指数基于 DEA 算法的全要素生产率指数（*TFP*）可分解为效率变化（*Ech*）和技术变化（*Tch*），说明全要素生产率增长是效率提高和技术进步共同作用的结果，其中效率变化又可以分解为纯技术效率（*Pech*）与规模效率（*Sech*）。纯技术效率反映该生产领域中技术更新速度的快慢和技术推广的有效程度，而规模效率则反映投入的增长对全要素生产率变化的影响。

具体公式如下：

$$M_0(X_s, Y_s, X_t, Y_t) = \left[\frac{d_0^s(X_t, Y_t)}{d_0^s(X_s, Y_s)} \times \frac{d_0^t(X_t, Y_t)}{d_0^t(X_s, Y_s)}\right]^{\frac{1}{2}}$$

$$= \frac{d_0^t(X_t, Y_t)}{d_0^s(X_s, Y_s)} \times \left[\frac{d_0^s(X_t, Y_t)}{d_0^t(X_s, Y_s)} \times \frac{d_0^s(X_t, Y_t)}{d_0^t(X_s, Y_s)}\right]^{\frac{1}{2}} = Effch \times Tch$$

其中，(X_s, Y_s) 表示 s 时期的投入向量，(X_t, Y_t) 表示 t 时期的产出向量，d_0^s 和 d_0^t 分别表示以 t 时期的技术 T^t 为参照、时期 s 和时期 t 的距离函数。Malmquist TFP 指数可以捕获全要素生产率变化（*TFP*）的两个重要来源：技术效率变化（*Effch*）和技术变化（*Tch*）。在不变规模报酬条件下（CRS），效率变化与技术进步是生产率变化仅有的两个来源。在可变规模报酬（VRS）条件下，技术效率变化（*Tech*）可分解为纯技术效率（*Pech*）和规模效率（*Sech*），且有 *Effch* = *Tech* × *Sech*。全要素生产率的变化可分解为技术效率变化（*Tech*）、技术进步（*Tch*）和规模效率的变化（*Sech*）的乘积，即 *TFP* = *Tech* × *Tch* × *Sech*。技术效率通常和生产前沿面联系在一起，其值为生产单元实际生产活动与前沿面的相对距离。纯技术效率测量的是规模报酬可变条件下生产单元当前的生产点与生产前沿面之间的距离；而规模效率测量的是规模报酬不变的生产前沿与规模报酬可变的生产前沿之间的距离，反映投入增长对总要素生产率变化的影响。

二、种植业绿色全要素生产率测算的数据来源与变量解释

（一）投入和期望产出

本章中，期望产出为以 1978 年不变价表示的农业总产值（GDP）。投入方面，根据数据的可获得性，并依据相关文献研究，选取农业劳动力、土地、机械、化肥、农药、农膜作为投入变量，具体如下。

1. 农业劳动力

该变量应使用种植业投入劳动力数，但没有机构对这一数据进行统计，能查到的权威劳动力投入数据，只有农林牧渔业劳动力总数。本章以种植业总产值占农林牧渔业生产总产值的比重为权重，将测算出来的权重数乘以农林牧渔业劳动力总数，从而将种植业劳动力从农林牧渔业总劳动力中分离出来（黄少安，2005；杜江，2016）。

2. 土地投入

由于期望产出变量为生产总值，则土地作为重要的生产资料，需要进入生产模型中，测算种植业生产效率，土地投入变量以农作物有效灌溉面积表示。期望产出值包括粮食作物在内的种植业产品，且农作物有效灌溉面积比耕地面积更能反映土地的实际利用情况。

3. 机械投入

统计资料有农林牧渔业机械总动力，同样以农业总产值比重为权重对

其进行分离,作为种植业生产中的机械总投入。本章以种植业总产值占农林牧渔业生产总产值的比重为权重,将测算出来的权重数乘以农林牧渔业机械总数,从而将种植业劳动力从农林牧渔业总机械中分离出来。

4. 化肥、农药、农膜投入

其他文献研究以年度实际用于农业生产的化肥折纯量(氮、磷、钾和复合肥)作为化肥投入,本书将化肥折纯量作为化肥要素的投入;同样将农药使用量、农膜施用量作为投入元素。化肥、农药、农膜均属于生物化学类投入,在日本学者速水佑次郎的理论中,属于生物型生产要素,可归为一类。

本章运用2000~2017年省级面板数据,农业生产投入产出数据,包括农业增加值、农业劳动力、土地、机械、化肥、农药、农膜,数据来源于2000~2017年的《中国统计年鉴》《中国农业年鉴》《中国农村统计年鉴》《中国农业统计资料》。

(二)非期望产出

本章依据《第一次全国污染源普查—农业污染源》,认为化肥污染源主要为COD、TN、TP,在第一次全国污染源普查调查中种植主要水污染物排放(流失)量为化学需氧量1324.09万吨,总氮270.46万吨,总磷28.47万吨,铜2452.09吨,锌4862.58吨。重点考察流失的氮、磷、农药流失污染,对于流失的污染源认定为非期望产出,其测量方法参考第一次全国污染源普查,具体如下:

对监测地块中,以地表径流(或地下淋溶)途经流失的氮、磷、农药等于监测周期中各径流污染浓度和径流体积的乘积,公式如下:

$$P = \sum_{i=0}^{n} C_i \times V_i$$

其中,P为污染物流失量,例如氮、磷;C_i为流失的氮、磷、农药的浓度;V_i为水的体积。

在测算土地氮、磷、农药的流失时，一般用流失率来表示，公式如下：

$$流失率(\%) = \frac{常规处理元素流失量 - 对照组处理元素流失量}{元素施用量} \times 100\%$$

三、我国种植业绿色全要素生产率变化及分解的比较分析

（一）种植业绿色全要素生产率及其阶段变化分析

本书基于面板数据，计算 2000～2017 年的绿色全要素生产率指数（GTFP）、绿色技术进步指数（GTECH）、绿色技术效率指数（GEFFCH）；同时，将其与传统的全要素生产率指数（TFP）、技术进步指数（TECH）、技术效率指数（EFFCH）进行对比分析（见表 6-1）。具体如下。

第一阶段："十五"期间，种植业绿色全要素生产率指数波动较大，2001～2005 年分别为 1.022、1.003、1.035、1.136、1.030，均值为 1.045，传统全要素生产率指数为 1.044，低于绿色全要素生产率指数，说明如果对环境进行改造，考虑环境因素，则有利于提高种植业全要素生产率。在这一阶段，种植业绿色全要素增长受到绿色技术进步、绿色技术效率增长双重影响，2001～2005 年绿色技术进步指数为 1.001、0.988、1.034、1.040、1.053，均值为 1.023，绿色技术效指数分别为 1.021、1.015、1.000、1.092、0.977，均值为 1.021，二者对绿色全要素生产率的影响程度差不多。

第二阶段："十一五"期间，种植业绿色全要素生产率指数仍呈现较大波动，2006～2010 年分别为 1.058、1.130、1.098、1.056、1.152，均值为 1.099，而影响全要素生产率指数的因素发生了变化，绿色技术进步对全要素生产率的影响逐渐变大，2006～2010 年绿色技术进步指数为

1.052、1.119、1.095、1.033、1.163，均值为1.092，而绿色技术效指数均值仅为1.006，2010年（0.991）开始出现负向影响。

第三阶段："十二五"期间，种植业绿色全要素生产率指数整体处于增长趋势，但增长率逐年下降，如表6－1所示，2011～2015年种植业绿色全要素生产率指数分别为1.116、1.089、1.091、1.049、1.042，均值为1.077，说明我国种植业绿色全要素生产率处于一个向上发展的阶段，增长率较高，但是纵向来看，"十二五"期间种植业绿色全要素增长率表现出逐年下降的趋势。"十二五"期间种植业绿色全要素增长主要源自绿色技术进步，绿色技术效率波动频繁且呈现反向影响。具体来看，2011～2015年种植业绿色进步指数为1.139、1.096、1.095、1.061、1.065，均值为1.091，年均增长9.1%，这一时期在促进农业增长由依靠资源投入转向依靠科技进步取得显著成果，农业科技进步已成为农业绿色经济增长的主要推动力，但同时，2011～2015年农业绿色进步指数呈现逐年下降的态势，这也与种植业绿色全要素指数逐年下降的趋势一致。而2011～2015年种植业绿色技术效率分别为0.979、0.994、0.997、0.989、0.978，均值为0.987，波动水平较大，且对绿色全要素生产率增长呈现反向影响。

表6－1　　　2000～2017年我国种植业绿色全要素生产率及其变化阶段分析

时期	GTFP	GTECH	GEFFCH	TFP	TECH	EFFCH
2000～2001年	1.022	1.001	1.021	1.019	1.006	1.013
2001～2002年	1.003	0.988	1.015	0.999	0.975	1.025
2002～2003年	1.035	1.034	1.000	1.033	1.046	0.987
2003～2004年	1.136	1.040	1.092	1.137	1.009	1.127
2004～2005年	1.030	1.053	0.977	1.030	1.056	0.975
"十五"	1.045	1.023	1.021	1.044	1.018	1.025
2005～2006年	1.058	1.052	1.006	1.056	1.050	1.006
2006～2007年	1.130	1.119	1.010	1.129	1.115	1.013
2007～2008年	1.098	1.095	1.002	1.103	1.101	1.002
2008～2009年	1.056	1.033	1.022	1.059	1.054	1.005
2009～2010年	1.152	1.163	0.991	1.151	1.161	0.992

时期	GTFP	GTECH	GEFFCH	TFP	TECH	EFFCH
"十一五"	1.099	1.092	1.006	1.100	1.096	1.004
2010~2011年	1.116	1.139	0.979	1.117	1.144	0.976
2011~2012年	1.089	1.096	0.994	1.088	1.092	0.996
2012~2013年	1.091	1.095	0.997	1.094	1.081	1.012
2013~2014年	1.049	1.061	0.989	1.050	1.064	0.987
2014~2015年	1.042	1.065	0.978	1.043	1.084	0.963
"十二五"	1.077	1.091	0.987	1.078	1.093	0.987
2015~2016年	1.039	1.080	0.962	1.038	1.092	0.951
2016~2017年	1.006	1.019	0.988	1.006	1.019	0.987

（二）种植业绿色全要素生产率及其区域变化分析

横向对比各省域种植业绿色全要素生产率，绿色全要素生产率及其成分省域差别较大，具体如表 6-2 所示。东部地区包括北京、天津、河北、辽宁、上海、江苏、浙江、福建、山东、广东、广西、海南；中部地区包括山西、内蒙古、吉林、黑龙江、安徽、江西、河南、湖北、湖南；西部地区包括重庆、四川、贵州、云南、陕西、甘肃、青海、宁夏、新疆、西藏。2000~2017 年我国种植业绿色全要素生产率指数均值为 1.067，其中超过全国平均水平的省份东部包括天津、河北辽宁、江苏、浙江、福建、山东，中部地区包括山西、黑龙江、湖北、河南，西部地区包括重庆、四川、贵州、陕西、青海、宁夏。

东部地区、中部地区、西部地区种植业绿色全要素生产率分别为 1.0663、1.0666、1.0683，西部最高。其主要原因为农业绿色生产的理念在全国得到推广，尤其是西部地区，本身由于经济发展相对滞后，自然资源禀赋较差，化肥农药等生产资料投入水平低于西部，同时农业基础设施相对薄弱，对于政策变动和推广相对敏感，具有后发优势，在转方式调结构，加速引进先进农业技术并进行推广，促进新型农业经营主体发展，提高管理水平等方面，进步程度将大于发达地区，出现赶超效应。西部地区绿色技术进步、绿色技术效率分别为 1.0667、1.0018，技术进步主要影响绿色全要素生产率增长。相反的东部地区由于经济发达，农业技术先进，农业组织化程度高，在这样的基础上要进一步实现技术的跨越和效率的提升其难度相对较大，东部地区绿色技术进步、绿色技术效率分别为 1.0637、1.0027，绿色技术效率对绿色全要素生产率增长影响高于西部地区，由于规模效率的影响，东部地区人口相对密集，人均土地占有面积较低，合理的管理方式，适度的土地规模，会使东部地区绿色技术效率具有较大的提升。

种植业全要素生产率增长的主要依靠绿色技术进步，而我国一直对农业技术创新十分重视，从中央到地方的产、学、研农业科技创新体系不断完善和深化，但是同时也存在农业科研成果转化率不高，推广难度大，社会化服务体系跟不上等现象，这使得农业研究成果难以发挥其提高农业生产力的作用，创新和推广存在严重的断层，小农户的农业科技需求供给不足，科研所大量农业劳动力闲置并存，农业技术进步的同时技术效率低下。

表 6－2　　2000～2017 年我国种植业绿色全要素生产率及其变化省域分析

地区	GTFP	GTECH	GEFFCH	TFP	TECH	EFFCH
北京	1.058	1.082	0.978	1.057	1.082	0.977
天津	1.071	1.092	0.981	1.071	1.092	0.981
河北	1.081	1.078	1.002	1.081	1.078	1.002
辽宁	1.072	1.074	0.998	1.062	1.075	0.988
上海	1.059	1.069	0.991	1.059	1.069	0.991
江苏	1.102	1.080	1.020	1.102	1.080	1.020
浙江	1.073	1.072	1.001	1.073	1.072	1.001
福建	1.071	1.053	1.018	1.071	1.053	1.018
山东	1.080	1.071	1.008	1.079	1.073	1.006
广东	1.058	1.045	1.013	1.058	1.045	1.013
广西	1.066	1.043	1.022	1.066	1.043	1.022
海南	1.005	1.005	1.000	1.005	1.005	1.000

地区	GTFP	GTECH	GEFFCH	TFP	TECH	EFFCH
东部地区	1.0663	1.0637	1.0027	1.0653	1.0639	1.0016
山西	1.077	1.075	1.002	1.077	1.083	0.995
内蒙古	1.053	1.075	0.980	1.051	1.077	0.976
吉林	1.029	1.073	0.959	1.025	1.083	0.947
黑龙江	1.086	1.080	1.005	1.089	1.072	1.016
安徽	1.062	1.067	0.996	1.062	1.066	0.996
江西	1.065	1.055	1.009	1.065	1.055	1.009
河南	1.072	1.082	0.991	1.072	1.082	0.991
湖北	1.090	1.054	1.034	1.090	1.054	1.034
湖南	1.065	1.052	1.012	1.065	1.052	1.012
中部地区	1.0666	1.0681	0.9987	1.0662	1.0693	0.9973
重庆	1.080	1.073	1.006	1.081	1.072	1.008
四川	1.074	1.071	1.003	1.077	1.071	1.006
贵州	1.090	1.090	1.000	1.090	1.090	1.000
云南	1.062	1.082	0.982	1.062	1.083	0.981
西藏	0.980	0.981	1.000	0.981	0.981	1.000
陕西	1.095	1.093	1.002	1.098	1.093	1.005
甘肃	1.063	1.062	1.001	1.058	1.077	0.982
青海	1.083	1.061	1.021	1.094	1.056	1.036
宁夏	1.094	1.086	1.008	1.096	1.088	1.008
新疆	1.062	1.068	0.995	1.063	1.069	0.995
西部地区	1.0683	1.0667	1.0018	1.0700	1.0680	1.0021

（三）种植业绿色技术效率分解与绿色技术进步变化分析

将技术效率进行分解，分为纯技术效率与规模效率，2000～2017 年绿色技术效率东部地区、中部地区、西部地区分别为 0.9760、0.6601、0.9710，传统技术效率东部地区、中部地区、西部地区分别为 0.9530、0.6572、0.9200，环境因素对东部、西部地区影响较为明显，不同地区均未达到技术效率最优模式，但是东部、西部技术效率明显，中部地区绿色技术效率较低。从纯技术效率方面看，东部地区、中部地区、西部地区分别为1.0000、0.9030、1.0000，说明东部、西部地区生产资源组合达到了最优，而中部纯技术效率未达到有效，表明这个地区要素投入结构不尽合理，需要进一步调理完善。从表6-3可知，技术效率主要受到规模效率的影响，由于中部地区多山地丘陵，土地适度规模经营需要进一步完善，规模效率是中部地区的主要问题。

表6-3 2000~2017年我国种植业绿色技术效率及其分解

地区	绿色技术效率	绿色纯技术效率	绿色规模效率	传统技术效率	传统纯技术效率	传统规模效率
东部	0.9760	1.0000	0.9760	0.9530	1.0000	0.9530
中部	0.6601	0.9030	0.7310	0.6572	0.8740	0.7520
西部	0.9710	1.0000	0.9710	0.9200	1.0000	0.9200

不同区域绿色技术进步变动趋势如图6-1所示，东部、中部、西部地区绿色技术进步指数曲线表现出上升趋势，但是上升速度不断降低，不同区域技术进步指数逐渐趋向一致，2017年东部、中部、西部技术进步指数分别为1.018、1.040、1.052，西部呈现明显的上升趋势，在2008年之前这一数值连续低于平均水平，2008年之后随着科技的推广，技术水平有了

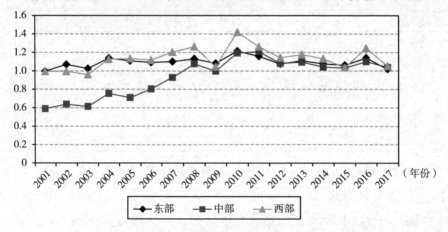

图6-1 2001~2017年我国种植业绿色技术进步变化区域分析

显著的提高。这与国家西部政策有直接关系，2006 年"十一五"规划中将农业西部开发"基础设施和生态环境建设"作为重点工作推进，农业技术在这一阶段得到了大力的推广。

四、主要结论与建议

种植业绿色全要素生产率增长的主要源泉是绿色技术进步水平的提高，而农业绿色技术效率贡献相对较小。但由于绿色技术进步指数逐年下降，部分地区绿色技术效率恶化，种植业绿色全要素生产率增长呈现逐年下降的趋势。加大农业绿色科技投入，建立完善的绿色科技推广机制，落实农业绿色科技投入成果转化，是未来努力的方向。除了加快科技创新，农业资源的优化配置，促进农业技术效率的提高，推动土地适度规模经营，也十分关键。

种植业绿色全要素生产率高于种植业传统全要素生产率，表明加强环境约束，推进农业生产，有助于农业技术进步和技术效率的提升。要保证中国农业高质量生产，尤其是保障粮食安全，改变农业生产因普遍的环境污染而效率低下的状况，实现农业生产向资源节约型和环境友好型的"两型"生产方式转变，就必须实现由粗放型向集约型转变的农业增长方式，抛弃以牺牲资源环境为代价的农业经济增长方式，走资源环境与农业协调发展的道路。

种植业绿色全要素生产率区域发展不平衡，东部地区、中部地区、西部地区种植业绿色全要素生产率分别为 1.0663、1.0666、1.0683，西部最高，各个地区农业环境全要素生产率增长的源泉是技术进步，而绿色技术效率降低拉低了绿色全要素生产率增长。西部地区后发优势明显，增长速度超过东部、中部，东部地区重点优化资源配置，实现土地适度规模经营，发挥规模效率，实现农业持续增长。

农户参与种植业绿色生产的认知、意愿和行为

当前，我国农业发展进入转方式、调结构的新时期，绿色发展在推进农业供给侧结构性改革中将发挥至关重要的作用。在这一背景下，研究如何推进种植业绿色生产发展问题，特别是从作为生产经营主体的农户角度出发研究其对推进种植业绿色生产的认知、意愿和行为问题变得至关重要。本章采用问卷调查的形式，对山东省、河北省等粮食主产区农户化肥、农药等投入品使用，农作物秸秆、农膜等废弃物处理利用，农作物灌溉方式等绿色生产情况进行调查研究，分析农户对种植绿色生产方式的认知程度、参与意愿和行为特征及其影响因素。

一、农户参与种植业绿色生产的调研情况分析

(一) 调研地点

本章所采用的数据来源于 2017 年 4 ~ 10 月在山东省、河北省农村地区的抽样调查数据。本次调研在山东省青岛市的北张家庄与朱翠存村、烟台市的桃源村与马岚村，河北省沧州市小安头村与侯家营村与石家庄

市的小安头村、侯家营村、许家庄、高玉村、大雾头村与小梨园村共 10 个村庄，发放问卷 208 份，有效回收率为 97%（201 份），每个村随机抽取 10~30 个农户，采用"面对面""一对一"方式，由课题组成员进行入户调查填写。

（二）调研内容

1. 被调查者基本情况

主要包括被调查者的家庭基本信息（性别、年龄、受教育年限、种植年限、兼业情况、是否为生产决策者、是否是村干部、是否是党员、是否大学生等）、家庭收入情况（农业收入、工资性收入、财产性收入、转移性收入等）。

2. 农户种植基本情况

主要包括农作物种植面积、自有土地面积、租入土地面积、地块、是否参加农民专业合作社、是否与公司签订订单合同、农作物生产成本（种子总费用、耕整总费用、化肥总费用、收割总费用、秸秆粉碎总费用、灌溉总费用、劳力工资、土地租金等）、农作物生产收入（销量、价格、补贴、其他收入等）。

3. 农户种植业绿色生产的认知情况

主要包括农户对种植业绿色生产的了解程度和了解途径、对国家相关支持政策的了解程度和了解途径等。

4. 农户种植业绿色生产的参与意愿情况

主要包括农户对政府推进种植业绿色生产的参与意愿、参与主要原因、主要障碍因素、对政策支持的要求和期望等。

5. 农户种植业绿色生产的行为情况

主要包括农户的化肥、农药等投入品使用行为、种植业废弃物（秸秆、农膜）利用行为、种植业灌溉方式采用行为等。

（三）样本特征

本次调研共回收针对农户家庭为一个单位的有效问卷 201 份，以家庭成员为个体单位的有效问卷 648 份。调查样本及家庭基本情况如表 7－1 所示。从家庭基本情况统计表来看，家庭成员人数过半分布在 2~4 人这个区间，整体呈正态分布；从家庭总收入来看，仅有 31.8% 的家庭年总收入超过 4.5 万元，超过 40% 的家庭年总收入都分布在 1.5 万~4.5 万元内，其中，从农业收入来看，44.28% 的家庭农业收入在 5000 元以下，这表明当地农户的农业生产效益和精细化程度有待提升；就农作物种植面积而言，近一半农户的种植面积少于 0.33 公顷，31.84% 的家庭农业种植面积在 0.33~0.67 公顷，近 20% 的农户超过了 0.67 公顷，这表明被调查农户农业种植规模以中小规模为主；此外，仅有 16.42% 的被调查家庭有成员参加过农业培训，这表明当地农业科技培训等社会化服务程度较低。

表 7－1　　　　　　　　　家庭基本情况统计

统计类型	选项	频数	比例（%）
家庭成员人数（人）	≤2 人	47	23.38
	2~4 人	112	55.72
	4~6 人	37	18.41
	>6 人	5	2.49
家庭户类型	党员户	44	21.89
	非党员户	157	78.11
	村干部户	14	6.97
	非村干部户	187	93.03
	大学生户	22	10.95
	非大学生户	179	89.05

续表

统计类型	选项	频数	比例（%）
家庭总收入 （万元/年）	≤0.5	12	5.97
	0.5～1.5	42	20.90
	1.5～4.5	83	41.29
	4.5～7.5	38	18.91
	7.5～10	16	7.96
	>10	10	4.98
农业收入 （万元/年）	≤0.1	23	11.44
	0.1～0.5	66	32.84
	0.5～1	68	33.83
	>1	44	21.89
农作物种植面积*（公顷）	≤0.33	97	48.26
	0.33～0.67	64	31.84
	>0.67	40	19.90
是否参加过农业或 非农培训	参加农业培训	33	16.42
	未参加农业培训	168	83.58
	参加非农培训	25	12.44
	未参加非农培训	176	87.56

注：＊为了使被调查者能够清楚填写种植面积，调研时采用"亩"和"分"单位，出于严谨性考虑，将回收数据按照1公顷＝15亩进行单位换算。

个人调查样本基本情况如表7-2所示。从样本整体来看，男女比例较为接近，其中有34.1%的被调查者为生产决策者；从年龄分布来看，被调查者年龄分布较为平均，其中青壮年人数占比33.64%；就文化程度而言，大部分农户的受教育程度为高中及以下，占比81.94%，这里需要特别说明的是，被调查者里包含了一部分农户的孙子（女），年龄限制导致这一比例偏高，但尽管如此，仍可以看出被调查地农户受教育程度较低；此外，调查还统计了这648位参与调查者的职业情况，其中超过一半的被调查者都只务农或从事以农业为主兼业工作，以非农业为主兼业和从事非农工作的被调查者将近1/3，这表明样本地农户仍以农业为主，兼业化趋势较不明显。

表 7 – 2　　　　　　　　　　个人基本情况统计

统计类型	选项	频数	比例（%）
性别	男	352	54.32
	女	296	45.68
生产决策者	是	221	34.10
	否	427	65.90
年龄	≤30 岁	128	19.75
	30~50 岁	218	33.64
	50~60 岁	158	24.38
	>60 岁	144	22.22
文化程度	识字少	53	8.18
	小学	78	12.04
	中学	173	26.70
	高中	227	35.03
	大专	87	13.43
	本科及以上	30	4.63
从事职业	只务农	208	32.10
	一兼（以农业为主）	132	20.37
	二兼（以非农业为主）	107	16.51
	非农业	121	18.67
	在校学生	53	8.18
	无劳动能力者	27	4.17

二、农户参与种植业绿色生产的认知、意愿和行为状况分析

（一）农户对种植业绿色生产的认知状况分析

农户对种植业绿色生产的认知程度不高，对国家相关绿色发展政策了解较少，说明种植业绿色生产在样本地还处于推广初期，政策宣传力度和推动力度尚有较大提升空间。经调研，仅有不到5%的农户对种植业绿色生产非常了解（见表7-3），而这9户被调查家庭有5户是党员家庭户，

1 户是大学生户。分别有 35.82% 和 30.35% 的农户对种植业绿色生产了解一点或了解，还有近 30% 的农户对此不了解，这表明样本地广大农户对种植业绿色生产技术还是比较陌生，仅限于知道或者听说过这一理念，而非落实到实际的农业生产过程中。此外，有过半的被调查农户认为国家推进种植业绿色生产十分必要，这体现出农户还是希望国家能够在这一新兴产物上起到积极主动的主导作用。相对应的，农户对相关政策了解甚少，其中对相关支持政策不了解的农户占比 53.23%。这些都表明在样本地，广大农户对种植业绿色生产较为陌生，相关支持政策的宣传与落实有待提升。

表 7 – 3　　　　　　　　　农户对种植业绿色生产的认知情况

项目	非常了解 （非常重要）	了解一点 （比较重要）	了解 （一般）	不了解 （不太重要）
了解程度	9(4.48%)	72(35.82%)	61(30.35%)	59(29.35%)
国家推进的重要程度	109(54.23%)	58(28.86%)	23(11.44%)	11(5.47%)
相关政策了解程度	8(3.98%)	50(24.88%)	36(17.91%)	107(53.23%)

另外，在对种植业绿色生产有过了解的农户中调研发现，农户了解相关信息的主要途径是报纸、广播、电视、网络媒体宣传，以及农户之间相互交流，政府组织、村集体、合作社或协会组织的宣传、讲座或培训所获取的信息较少，具体数据比例，如图 7 – 1 所示。

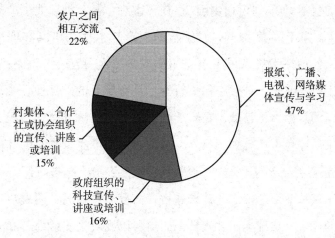

图 7 – 1　农户对种植业绿色生产的主要了解途径

（二）农户参与种植业绿色生产的意愿状况分析

农户参与种植业绿色生产的意愿较为强烈，农户认知到绿色生产对外部环境和自身健康的重要性是愿意参与绿色生产的最主要推动因素，自身素质或技能无法支持绿色生产实施、技术投入成本高是影响农户参与绿色生产的主要障碍因素。调研显示，农户参与种植业绿色生产意愿情况调查结果如表7-4所示，愿意参与和不愿意参与的原因如图7-2、图7-3所示。在政府推行种植业绿色生产的情境下，201组农户家庭中有168户愿意参与绿色生产，占比83.58%，其愿意参与的4个主要原因排序是"绿色生产对环境污染小、有利于身体健康""增加产量""提高质量""提高价格"，这说明随着质量安全理念和生态文明建设观念的普及，农户的环保和健康意识有所提升，已经认知到绿色生产对外部环境和自身健康的重要性。而产量、质量和价格直接关系到农户种植农作物的经济效益，因此也是影响农户参与种植业绿色生产意愿的主要因素。

同时，对农户不愿意参与绿色生产的原因调查发现，有16.42%的农户参与意愿低，其最主要的原因是农户认为自身素质或技能无法支持达到绿色生产的技术要求，实际操作过程存在困难。参与种植业生产的农户普遍年龄偏大、文化程度偏低，对于新的生产技术存在畏惧心理和学习困难。其次，增加技术投入成本也是阻碍农户参与绿色生产的一个重要因素。绿色生产实质是一种生态保护行为，具有明显的外部性，农户自身对于技术投资的意愿并不强烈，在缺乏外部激励和经济补偿的情况下，农户难以主动采纳绿色生产方式。另外，有农户提出不愿意参与的其他原因包括"不清楚绿色生产是什么""不感兴趣""害怕土地被收回"等，这表明政府对于种植业绿色生产的宣传和教育力度有待提升，向农户宣传绿色生产方式的优势、传统生产方式带来的损害以及政策支持内容和方式会有利于其转变想法。值得注意的是，有16.95%的党员户、村干部户或大学生户和16.20%的其他农户不愿意参与其中，两者比例相近，说明是否为党员户、村干部户或大学生户对农户参与意愿度的影响较弱。

表7-4　　　　　　　　农户参与种植业绿色生产的意愿情况

农户类型	愿意		不愿意	
	频数	比例（%）	频数	比例（%）
党员户、村干部户或大学生户	49	83.05	10	16.95
其他农户	119	83.80	23	16.20
合计	168	83.58	33	16.42

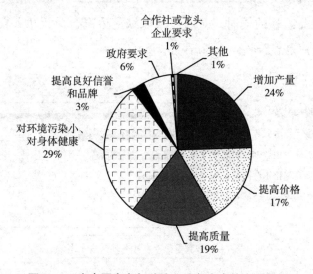

图7-2　农户愿意参与种植业绿色生产的主要原因

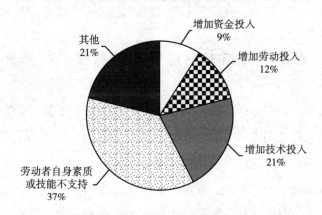

图7-3　农户不愿意参与种植业绿色生产的主要原因

农户对政府提供绿色生产技术服务和增加绿色生产财政补贴的需求最为迫切。为了更为深刻地了解农户所需政府支持方向,本次调研向被调查者设置了"您希望政府在推动种植业绿色生产上做哪些工作?"的多选题项,结果如图7-4所示。其中,愿意参与的农户比参与意愿低的农户更关注政府提供绿色生产技术服务、指导和推广、增加绿色生产配套设施或设备、提高绿色生产社会化服务以及加强监管与控制,而意愿度较低的农户更关注财政补贴,且提出希望提高价格,这说明意愿度较低的农户主要受到了投入成本和经济效益的影响,政府需要在为农户提供相关技术指导、配套设施以及监管的同时,对农户采取绿色生产行为提供一定的财政补贴,减少农户发展绿色生产的后顾之忧。

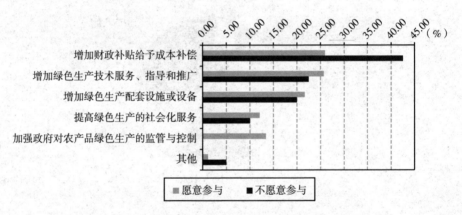

图7-4 农户希望政府在推动种植业绿色生产中所做工作

(三) 农户参与种植业绿色生产的行为状况分析

本次调研对201个样本农户的绿色生产行为进行了问卷调查,主要调研农户化肥农药使用方式、对生产过程中产生的农业垃圾的处理方式、对农作物秸秆的处理方式以及采用的灌溉方式。

在投入品使用行为方面,低毒低残留生物农药、测土配方施肥有机肥是农户选择的主要农药和化肥施用方式。通过分析可知,农户对于农药的使用方式更倾向于选用生物农药、高效低毒低残留的农药（39.26%），而施肥方式中测土配方施肥（18.46%）、用有机肥代替化肥（14.09%）这两种方式选用较多，但仍有接近8%的农户会选择高毒性农药，病虫害统防统治以及水肥一体化的占比较少。以上情况说明国家近年来大力实施化肥农药零增长行动，扩大测土配方施肥使用范围，推进农药减量控害、推进配方肥进村入户到田等工作已经初见成效，但科学防治、科学施肥仍需提高，如图7-5所示。

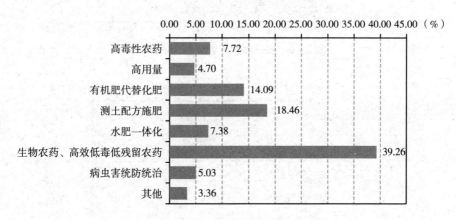

图7-5　农户农药化肥使用方式

在种植业废弃物处理行为方面，农膜处理以直接丢弃或垃圾站点集中处理两种方式为主，农作物秸秆处理以还田等综合利用方式为主。对于农业生产过程中产生的垃圾（例如农药瓶、农用薄膜等），近一半的农户会选择直接丢弃，其他近30%选择送到垃圾点或者垃圾站集中处理，13.2%的农户会选择扔到井中或沟壑填埋，仅有6.6%的农户会选择回收再利用。一方面，这与农村广大群众对残膜危害的认识有关；另一方面，农膜的人工清除劳动强度大、费时，影响了农民回收的积极性，同时，大力研究与推广加厚耐老化农膜、可降解农膜等优质农膜，降低农膜回收难度，促进农膜有效回收利用仍有较大提升的空间。而对于农作物秸秆，86.93%的农户都会选择进行秸秆综合利用，这也基本符合经济成本效益理论，秸秆焚烧比例很小，可见国家近年来禁止农作物秸秆焚烧工作成效较为显著（见图7-6、图7-7）。

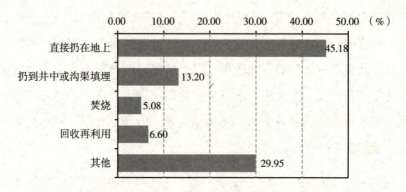

图7-6　农户对生产垃圾的处理方式

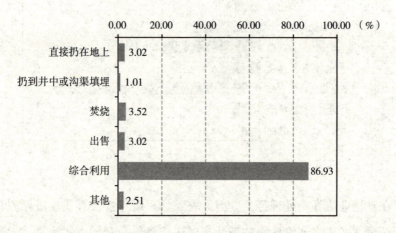

图7-7　农户对农作物秸秆的处理方式

在农作物灌溉方式选择行为方面，绝大多数农户仍以传统漫灌方式为主，节水农业建设亟待加强。93.26%的样本地被调查农户都采用漫灌的方式进行农业灌溉，仅有极少数人会考虑微喷、滴灌以及地下滴灌等方式，这说明样本地农业灌溉仍是粗放型（见图7-8）。这一现象一方面受当地农户历史灌溉方式的影响，另一方面也由当前灌溉条件、技术、设备以及成本所决定，在当前种植业规模化程度不高的情况下，只有中央财政和当地政府全面投入资金、提供技术支持，才能大面积开展高效节水灌溉。

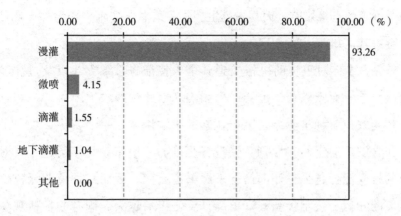

图 7 - 8　农户采用的灌溉方式

三、农户对种植业绿色生产的认知及其影响 因素分析

本章运用 Ordinal Probit 模型研究农户对种植业绿色生产的认知程度及影响因素。

（一）被解释变量

本章从认知深度的角度研究农户对种植业绿色生产的认知，即根据其对种植业绿色生产的认知水平进行分类赋值，具体赋值如下：不了解 =1；了解 =2；了解一点 =3；非常了解 =4。为避免线性模型中个人特征对因变量产生"线性"影响，造成识别中的影像问题，本章将"农户对种植业绿色生产的认知"定义为有序离散变量。

（二）解释变量

农户对种植业绿色生产的认知受到其个体特征、家庭特征以及对信息的自我诉求的直接影响，而与绿色生产相关信息服务水平作为外界环境刺激也会对其认知产生间接影响。

首先，个体对事物的决策受到其个人特征、思维方式以及过往经历的直接影响，而家庭背景也会产生影响。因此选择农户个人特征和家庭特征作为农户对种植业绿色生产认知的影响因素之一。其中，农户个人特征包含农户的年龄、性别、受教育程度。一般来说，年龄越小，对新事物的接受能力越强，外部信息来源渠道更广，因而对种植业绿色生产所必需的知识、技术接受程度更高，反之年龄越大，固有的种植观念对其种植行为影响度更大；而性别也是影响农户认知的要素之一，研究表明，在家庭分工中，男性更加关注农业技术，同时也更倾向给出家庭农业决策，因而对绿色生产可能会更加了解。受教育程度直接决定了农户学习、转化绿色生产必备技术的速度和程度，文化程度越高对于传统粗放型农业种植的危害可能更为了解，从而参与绿色生产的意愿度可能更高。家庭特征包含劳动力数量、种植面积、家庭年收入、农业收入所占比重、兼业情况、合作社成员。其中劳动力数量、种植面积、农业收入所占比重、兼业情况等都反映出农户从事农业生产的规模，而具备规模效应的农业大户因为投资成本大，会更倾向于采用新的生产技术缩短生产周期、提升效益，也会更倾向于关注相关政策；而家庭年收入和农业收入所占比重反映了对农业的依赖程度，家庭年收入水平较低且农业收入占比大的农户会更有可能关注新的生产模式带来的额外收益，从而对绿色生产认知水平提高。最后，合作社成员反映了家庭与外界社会关系的联系程度，合作社作为我国提供农业生产信息的重要平台，会为其成员提供更多有关绿色生产的信息，而家庭有成员属于合作社成员会使农户更容易接收到相关讯息。

其次，农户对信息的自我诉求反映了对农业生产认知的主动性，是其参与绿色生产的内部主推力，一般来说，主动性越强，获取的信息量就越多，因此，采用农户对信息的自我诉求作为影响农户对种植业绿色生产认知的主要因素之一，具体包含个人主观态度（是否重要）和对国家绿色支持政策了解程度。农户对绿色生产的信息诉求取决于其主观态度，如果农户认为绿色生产对于现有的生产方式改变有着较为重要的影响，其会更积极主动地获取相关信息，反之亦然；而绿色生产作为一种新兴生产模式，前期必然需要大量的技术投入，也意味着有较大的风险，政府在此过程中会起到重要的主导推动作用，主要通过相关支持政策来体现，因此农户对国家绿色支持政策的了解程度影响着其获取信息的质和量，从而影响其认知。

最后，绿色生产相关信息服务水平决定了农户绿色生产认知的外部环境，其服务水平高低直接影响到农户的认知水平。因此，采用绿色生产相关信息服务水平作为影响农户对种植业绿色生产认知的主要因素之一，具体包含可获得信息渠道、是否参加过农业技术培训。农户对绿色生产的自我信息诉求高，而相关信息渠道少且信息质量不高，农户的绿色生产认知水平也会受到影响。信息资源越充分、渠道越稳定，农户获取绿色生产的机会越多，信息获取成本越小，农户对绿色生产的认知就越全面，因此，可获得信息渠道对其认知水平具有重要影响；而农户参加农业技术培训更多，就越可能接触到更多的绿色生产知识、技术以及相关信息，也会促使其认知水平提高。

基于此，本章假设：（1）个体特征、家庭特征会影响农户对种植业绿色生产的认知；（2）农户对信息的自我诉求会影响农户对种植业绿色生产的认知；（3）与绿色生产相关信息服务水平作会影响农户对种植业绿色生产的认知。

（三）农户绿色生产认知的影响因素回归分析

运用 Stata14.0 软件进行 Ordinal Probit 回归分析，由对数似然值及卡方检验值可知，模型整体拟合效果较好，说明自变量对因变量的变化具有一定的解释能力，回归结果如表 7–5 所示。

表 7-5 模型回归结果

类型	变量	系数	边际效应			
			不了解	了解	了解一点	非常了解
农户个人特征 1	年龄 AGE	-0.061	0.005	0.012	-0.002	-0.015
	性别 SEX	-0.094	0.008	0.019	-0.003	-0.023
	受教育程度 EDU	0.072	-0.006	-0.014	0.002	0.018
农户个人特征 1	劳动力数量 LABOR	0.005	0.000	-0.001	0.000	0.001
	农作物种植面积（公顷）AREA	0.433 **	-0.037	-0.086	0.014	0.108
	家庭总收入（万元/年）INCOME	-0.105	0.009	0.021	-0.003	-0.026
	农业收入所占比重 IPECENT	0.039	-0.003	-0.008	0.001	0.010
	兼业情况 CAREER	-0.146	0.012	0.029	-0.005	-0.036
	加入合作社与否 COOPERATIVE	0.231	-0.020	-0.046	0.008	0.058
农户对信息的自我诉求 3	个人主观态度 ATTITUDE	0.453 ***	-0.038	-0.090	0.015	0.113
	对国家绿色支持政策了解程度 UNDERSTAND	0.497 ***	-0.042	-0.098	0.016	0.124
绿色生产相关信息服务水平 4	可获得信息渠道	way41 | 0.390 **	-0.033	-0.077	0.013	0.097
		way42 | 0.687 ***	-0.058	-0.136	0.023	0.172
		way43 | 0.457 ***	-0.039	-0.091	0.015	0.114
		way44 | 0.326 **	-0.028	-0.065	0.011	0.081
	是否参加过农业技术培训	-0.290	0.025	0.058	-0.010	-0.073

Pseudo R^2 = 0.3568

Prob > chi^2 = 0.0000

Log pseudolikelihood = -281.926

1. 农户个人特征、家庭特征对农户种植业绿色生产认知的影响

农作物种植面积在 5% 的显著性水平上正向影响农户绿色生产认知，

与预期一致。这表明农作物种植面积越大，农户对绿色生产的认知水平越高，农作物种植面积扩大一个单位，农户对种植业绿色生产"不了解"和"了解"的概率会分别降低 3.7% 和 8.6%，"非常了解"的概率会提升 10.8%，这表明规模化种植在提升农户绿色生产认知中扮演着重要角色，提升种植规模化水平是推动农户参与绿色生产的一个重要动力。

另外，农户个人特征中年龄、性别和受教育程度等变量对农户绿色生产认知的影响假设未得到证实，这主要是由于样本地被调查者年龄普遍偏高（45 岁以上农户占比 79.6%），教育水平普遍偏低（81.94% 农户的受教育程度为高中及以下），且伴随着女性在社会生活中所承担责任的改变所引起的。

家庭特征中劳动力数量、家庭总收入、农业收入所占比重、兼业情况、加入合作社与否等单个变量对农户绿色生产认知的影响假设未得到证实。对此可能的解释是，样本地被调查农户当前仍以农业为主，且因为当前我国合作社规模较小，运营机制尚未完善，214 户被调查者中仅有 12 户家庭中有人参加了合作社。从信息熵的角度来看，变量的变异程度小，所隐含的信息少，对因变量的解释力小，因而这些因素对农户绿色生产认知的影响未能通过显著性检验。

2. 农户对信息的自我诉求对农户种植业绿色生产认知的影响

个人主观态度和对国家绿色支持政策了解程度分别在 1% 显著性水平上正向影响农户绿色生产认知，符合预期假设。这说明农户越认为绿色生产重要，对其认知水平会越高，而对国家绿色支持政策了解越多，认知水平也会越高。具体来看，个人主观态度和对国家绿色支持政策了解程度每提升一个等级，农户对种植业绿色生产"非常了解"的概率分别会提升 11.3% 和 12.4%，"不了解"的概率会分别降低 3.8% 和 4.2%，这表明个人主观态度在认知水平的提升过程中具有重要地位，而对国家绿色支持政策的了解会更大程度地影响这种认知。

3. 绿色生产相关信息服务水平对农户种植业绿色生产认知的影响

可获得信息渠道中渠道1（报纸、广播、电视、网络媒体宣传与学习）和渠道4（农户之间相互交流）分别在5%的显著性水平上正向影响农户对种植业绿色生产的认知程度，渠道2（政府组织的科技宣传、讲座或培训）和渠道3（村集体、合作社或协会组织的宣传、讲座或培训）分别在1%的显著性水平上正向影响农户对种植业绿色生产的认知程度，与预期一致，反映了信息渠道的重要性。同时值得注意的是，政府组织的科技宣传、讲座或培训每增加一个单位，会促使农户对种植业绿色生产"非常了解"的概率提升17.2%，这一边际效应远大于其他三个渠道，表明在各种信息渠道中，政府所提供的信息更能够提升农户对绿色生产的认知，这主要是因为政府信息渠道提供的信息具备更好的准确性和安全性。

农业技术培训对农户绿色生产认知的影响效果未得到验证，对此可能的解释是，一方面，样本地农业培训较少（仅有16.42%的被调查农户参加过农业培训），另一方面，农业培训效果不明显且其中涉及绿色生产相关的内容较少，导致即便参加过农业培训，农户对绿色生产的相关技术和政策了解也比较少，这也是之后需要政府主导不断加强的方向。

四、农户参与种植业绿色生产的意愿及其影响因素分析

（一）变量选择

意愿通常指个人对事物所产生的看法或想法，并因此而产生的个人主观性思维，是由个人的内在动机需求推动产生，同时受外界约束及可行机会的影响，因此，本研究从动机、约束以及机会三个维度分析农户参与种

植业生产意愿度的影响因素。其中，动机包括"绿色生产能够增加产量""绿色生产能够提高农产品价格""绿色生产能够提高农产品质量""绿色生产能够保护环境和身体安全"以及"绿色生产能够提高自身信誉和品牌"；约束包括"绿色生产会增加资金投入""绿色生产会增加劳动投入""绿色生产会增加技术投入"以及"劳动者自身素质或技能不支持"；机会包括"政府增加财政补贴给予成本补偿""政府提供绿色生产技术服务、指导和推广""政府提供绿色生产配套设施或设备（节水灌溉、粪污处理等）""政府提高绿色生产的社会化服务"以及"政府加强对农产品绿色生产的监管与控制"。

（二）农户绿色生产意愿的影响因素回归分析

Logistic 模型能够有效将变量值域限定在［0，1］之间，而"如果政府推行种植业绿色生产，我愿意参与"是一个明显的二元决策问题，因此本研究采用 Logistic 回归模型来分析影响绿色生产农户参与意愿的影响因素。回归结果如表 7 - 6 所示。

表 7 - 6　　　　　　　　　　模型回归结果

影响因素	回归系数	标准误差	Wald 检验	自由度	显著性	优势比
X_{11} 能够增加产量	6.004	2.228	7.263	1	0.007 ***	4.91
X_{12} 能够提高农产品价格	2.862	2.048	1.952	1	0.162	17.50
X_{13} 能够提高农产品质量	7.417	3.203	5.362	1	0.021 **	1.86
X_{14} 能够保护环境和身体安全	46.954	1462.918	0.001	1	0.974	246443648572734.00
X_{15} 能够提高自身信誉和品牌	-4.346	3.334	1.699	1	0.192	0.01
X_{16} 政府要求	23.031	6057.615	0.000	1	0.997	10047369061.44
X_{21} 会增加资金投入	-3.080	1.771	3.023	1	0.082 *	1.05

续表

影响因素	回归系数	标准误差	Wald 检验	自由度	显著性	优势比
X_{22} 会增加劳动投入	-4.255	1.912	4.954	1	0.026 **	1.01
X_{23} 会增加技术投入	-1.587	2.257	0.494	1	0.482	0.21
X_{24} 劳动者自身素质或技能不支持	-6.770	2.792	5.880	1	0.015 **	0.70
X_{31} 政府增加财政补贴给予成本补偿	3.934	2.049	3.687	1	0.055 *	1.13
X_{32} 政府提供绿色生产技术服务、指导和推广	4.093	1.898	4.652	1	0.031 **	1.91
X_{33} 政府提供绿色生产配套设施或设备	3.711	2.337	2.521	1	0.112	40.88
X_{34} 政府提高绿色生产的社会化服务	-2.847	2.429	1.374	1	0.241	0.06
X_{35} 政府加强对农产品绿色生产的监管与控制	17.776	3106.337	0.000	1	0.995	52484.27
常量	-1.118	1.174	0.907	1	0.341	0.33

注：***、**、*分别表示在1%、5%、10%的水平上显著。

1. 动机因素对农户参与绿色生产意愿的影响分析

动机维度中的"能够增加产量"以及"能够提高农产品质量"分别在1%和5%的显著性水平上对农户参与绿色生产意愿度产生正向影响，回归系数分别是6.004和7.417，这表明农户认为绿色生产能够增加产量和提高农产品质量对其种植业绿色生产意愿度具有重要的正向影响。绿色生产作为一种新的种植业发展模式，与农户切身利益最直接相关的即产量目标，且伴随着人们生活水平的提高，对绿色农产品质量的需求和关注越来越高，因此，产量和质量是影响农户收益最关键的两大因素，采用绿色生产方式对农产品质量和产量提升的促进作用越大，农户参与绿色生产的意愿就越强烈。另外，"能够提高农产品价格""能够保护环境和身体安全""能够提高自身信誉和品牌""政府要求"四个动机因素未能通过显著性检验，这说明这些因素不是影响农户改变参与绿色生产意愿的关键因素。本书认为，在农户对绿色生产尚不十分了解的情况下，认为价格和品牌效应主要是由市场和消费者所影响，尽管农户认同绿色生产能够提高价格以及产品的信誉和品牌效应，也会倾向持有观望的态度观察绿色生产的产出在市场中的状态，再考虑是否参与其中。而根据马斯洛需求层次论，保护环境和身体安全在现有技术和经济背景下，仍属于较高的层次，无法直接影响农户参与绿色生产的意愿度。在市场经济的背景下，政府要求对农户的意愿影响也是微乎其微。

2. 约束因素对农户参与绿色生产意愿的影响分析

约束维度中，除了"会增加技术投入"外，"会增加资金投入""会增加劳动投入"以及"劳动者自身素质或技能不支持"的约束都通过了显著性检验并对农户参与绿色生产的意愿有负向影响。具体来看，绿色生产会增加资金投入与农户参与绿色生产意愿呈负相关，在10%的置信水平上显著，回归系数为 -3.08，绿色生产会增加劳动投入与农户参与绿色生产意愿呈负相关，在5%的置信水平上显著，回归系数为 -4.255，这表明资金投入和劳动投入上升是阻碍农户参与绿色生产最为关键的两个要素，而农户对自身素质或技能不支持绿色生产的观点也会限制农户的参与意愿。

3. 机会因素对农户参与绿色生产意愿的影响分析

机会维度中，政府增加财政补贴给予成本补偿、政府提供绿色生产技术服务、指导和推广是积极影响农户参与绿色生产意愿的两大因素，其影响关系分别在1%和5%的置信水平上通过检验，而其余要素对农户参与意愿的影响关系尚未通过检验。其中，农户关注政府财政补贴给予成本补偿同在动机维度农户关注产量和质量、在约束维度中关注资金投入具有相同的性质，成本也是同农户切身收益息息相关的要素之一。另外，现有有关绿色生产技术服务与指导的缺乏，导致农户更加关心自己是否能够得到有效的技术支持以实现绿色生产。而配套设施、社会化服务与监管控制未能通过检验的可能解释是，现在绿色生产尚未形成体系，相比于直接的财政补贴与技术指导，这三者与农户的切身利益直接关系尚不突出，因此农户可能认为即便政府会提供相关设备、社会服务以及市场监控，绿色生产对个体来说，仍具有较高的进入门槛（包括经济和技术），因此不会直接影响参与意愿。

（三）稳健性检验

为检验模型估计结果的稳健性，分别采用 OLS 模型、Probit 模型对样本数据进行拟合，两个模型所采用的解释变量和被解释变量均与 4.2Logistic 模型一致，回归结果如表 7 - 7、表 7 - 8 所示。由表可知，如果农户认为"绿色生产能够增加产量""绿色生产能够提高农产品质量""政府增加财政补贴给予成本补偿""政府提供绿色生产技术服务、指导和推广"，农户参与绿色生产的意愿会更高；相反，如果农户认为绿色生产"会增加资金投入""会增加劳动投入""自身素质或技能不支持"时，农户的参与意愿会减弱。这与上述 Logistic 模型结果一致，且具有稳健性。

表 7 - 7 　　　　　　　　　　OLS 模型回归结果

影响因素	回归系数	T 值
X_{11} 能够增加产量	0.0676 **	- 0.048
X_{12} 能够提高农产品价格	0.0512	- 0.0517
X_{13} 能够提高农产品质量	0.160 ***	- 0.0502
X_{14} 能够保护环境和身体安全	0.284	- 0.0411
X_{15} 能够提高自身信誉和品牌	- 0.0242	- 0.0768
X_{16} 政府要求	0.271	- 0.0666
X_{21} 会增加资金投入	- 0.0338 *	- 0.042
X_{22} 会增加劳动投入	- 0.0343 *	- 0.0247
X_{23} 会增加技术投入	- 0.0197	- 0.0541

续表

影响因素	回归系数	T 值
X_{24} 劳动者自身素质或技能不支持	-0.269 ***	-0.0549
X_{31} 政府增加财政补贴给予成本补偿	0.0485 *	-0.0467
X_{32} 政府提供绿色生产技术服务、指导和推广	0.0972 **	-0.0466
X_{33} 政府提供绿色生产配套设施或设备	0.0822	-0.0464
X_{34} 政府提高绿色生产的社会化服务	-0.0635	-0.0532
X_{35} 政府加强对农产品绿色生产的监管与控制	0.0412	-0.0521
常量	0.516 ***	-0.0525
观测样本	201	
R^2	0.498	

表 7-8　　　　　　　　　　Probit 模型回归结果

影响因素	回归系数	T 值
X_{11} 能够增加产量	2.662 ***	-0.996
X_{12} 能够提高农产品价格	1.476	-0.902
X_{13} 能够提高农产品质量	2.976 **	-1.225
X_{14} 能够保护环境和身体安全	1.679	-1.476
X_{15} 能够提高自身信誉和品牌	-1.422	-1.593
X_{16} 政府要求	1.127	-0.873
X_{21} 会增加资金投入	-0.913 *	-0.724
X_{22} 会增加劳动投入	-1.547 **	-0.775
X_{23} 会增加技术投入	-0.625	-1.035
X_{24} 劳动者自身素质或技能不支持	-2.861 **	-1.191
X_{31} 政府增加财政补贴给予成本补偿	1.287 *	-0.717
X_{32} 政府提供绿色生产技术服务、指导和推广	1.187 **	-0.757
X_{33} 政府提供绿色生产配套设施或设备	1.747	-1.112
X_{34} 政府提高绿色生产的社会化服务	-1.042	-1.260
X_{35} 政府加强对农产品绿色生产的监管与控制	1.254	-0.968

五、主要结论与建议

对农户种植业绿色生产的认知、意愿和行为状况调研分析得出的主要结论及建议有：

第一，农户对种植业绿色生产的认知程度不高，对国家相关绿色发展政策了解较少，仅有不到5%的农户对种植业绿色生产非常了解。这表明目前我国种植业绿色生产方式还处于推广初期，需进一步加强政策宣传、培训和交易力度，提高广大生产经营主体对绿色生产的认知水平。

第二，农户参与种植业绿色生产的意愿较为强烈，农户认知到绿色生产过程及产品对外部环境和自身健康的重要性是最主要推动因素，自身素质或技能不足、技术投入成本高是农户参与绿色生产的最主要障碍。农户对政府提供绿色生产技术服务和增加绿色生产财政补贴的需求最为迫切，因此，应进一步加强种植业绿色生产技术服务体系建设，加大财政对绿色生产的补贴力度。

第三，在种植业投入品使用行为方面，低毒低残留生物农药、测土配方施肥有机肥是农户主要采用的农药和化肥施用方式。在种植业废弃物处理行为方面，农膜处理以直接丢弃或垃圾站点集中处理两种方式为主，农作物秸秆处理以还田等综合利用方式为主。在农作物灌溉方式选择为方面，绝大多数农户仍以传统漫灌方式为主，节水农业建设亟待加强。应紧紧围绕"一控两减三基本"的目标要求，全面加强种植业绿色生产方式在广大农户中的转化、推广和应用。

第 八 章

加快推进种植业绿色生产方式的政策建议

借鉴国内外成功模式和经验，结合农户参与种植业绿色生产方式的认知、意愿和行为的实地调研结论，本章提出发挥政府与市场、法制与科技等多方作用，构建适应种植业绿色发展的支撑保障体系的政策建议。

一、注重绿色生产宣传教育，提高绿色生产认知和理念

绿色农业作为一种新的农业发展模式，需加强宣传和引导，使全社会正确认识发展绿色农业的重要性，增强绿色消费思想意识。一是让各级干部从增强农业可持续发展能力、提高农产品竞争力、提升我国农业国际地位的高度充分认识发展绿色农业的战略意义，把发展绿色农业作为农业供给侧改革、调整农业结构的一项重要工作；二是提升农户种植业绿色生产理念，通过电视、服务热线、广播、宣传栏等多种媒介向农户宣传绿色生产、农产品质量安全、生态环境保护的重要性以及当前传统农业生产方式造成的危害，全面强化农户对种植业绿色生产的认知度；三是多渠道、多形式开展绿色种植技术推广服务工作，使农户能够及时接触到准确、实用的技术信息，及时消除农户对于绿色农业技术的疑虑和畏惧心理，培养一

大批有文化、懂技术、善经营、会管理并掌握绿色农业知识和技术的新型农民；四是增强绿色消费意识，使社会大众自觉参与、共同承担以绿色消费推动绿色农业发展的责任和义务，促使绿色消费成为公众消费观念的新潮流。

二、做好绿色农业示范区创建，总结绿色农业实践经验

绿色农业作为新的农业发展模式，目前仍处于探索、起步阶段，急需通过大量的实验、示范。一是要根据我国的资源和地理特征，分区分类创建具有区域特色的绿色农业示范区和农业绿色发展先行区，选择实验、示范的项目和推广的技术，总结实验、示范的经验，为全面推动形成农业绿色生产方式和生活方式提供可复制、可推广的经验和样板。二是利用国家农业可持续发展试验示范区、国家生态农业示范县、农业资源环境生态监测预警、保护性耕作示范基地、绿色食品标准化示范基地等的成果，提高绿色农业示范区建设的投资效果。借助已有的投入，增加绿色农业实验与示范内容，或用绿色农业的理念改造和完善其试验示范内容，达到整合资源、聚合力量、集中技术、提升成果、实现多赢的目标。

三、加强绿色农业关键技术攻关，引领种植业绿色转型

以科技创新作为种植业绿色发展的强大引擎。一是加强绿色种植业关键技术攻关，重点突破制约绿色农业发展的技术难关，包括高产、质

优、安全、高抗逆性动植物新品种的选育，新型肥料、新型农药等生产资料的研发，农业废弃物无害化利用技术的研究，区域性关键技术的研究与开发等。二是加大技术集成、示范推广和人才培训力度，在种植业生产领域加快普及一批先进适用绿色农业发展技术，推动绿色生产方式落地生根。三是加快建立健全绿色农业标准体系，完善农业投入品、废弃物排放和农产品质量安全等领域的相关标准和行业规范，引导市场主体按绿色标准进行生产经营，提高科技成果对绿色种植业的贡献率，确保绿色种植业体系的产品质量安全。

四、完善绿色农业法律法规体系，强化绿色生产制度保障

着力完善绿色农业的法律法规体系，提升农业绿色发展的制度化法制化水平。目前，欧盟、美、日、澳等工业发达国家或地区普遍以立法形式支持绿色农业发展，形成了以政府农业主管部门牵头，认可机构和海关等其他部门配合的组织管理体系。中国要借鉴国际绿色农业政策的成功经验，以法律法规形式构建完善的绿色农业制度体系。一是要以耕地保护、农业污染防治、农业生态保护、农业投入品管理、农业标准化体系等为重点，对农业资源进行综合立法，加快制定修订体现农业绿色发展需求的法律法规，依法保护和改善生态环境，促进生态保护和提高资源利用率与发展绿色农业的有机结合。二是加大执法和监督力度，依法打击破坏农业资源环境违法行为，提高违法成本和惩罚标准，用法律法规为市场主体划定行为边界。三是从立法层面确立绿色农业生产的补偿机制，制定出台《农业生态补偿法》或《农业生态补偿条例》，把绿色农业生产补偿列为法律的重要内容，从法律地位上确认绿色农业生产的补偿权利和效益保护。

五、健全农业绿色发展支持政策，激励主体 参与绿色生产积极性

　　建立多元化投入机制，加大对绿色农业的投入，是加快绿色农业发展的一项重要举措。一是加快建立以绿色生态为导向的农业补贴政策体系，落实好《建立以绿色生态为导向的农业补贴制度改革方案》，健全粮食主产区利益补偿、耕地保护补偿、生态补偿制度，建立促进农业绿色发展的补贴政策体系。二是加大财政资金对绿色农业生产经营者投入力度，明确对绿色农业发展有专项资金安排，资金投入要突出重点，把对农业的支持与绿色发展相挂钩，确保绿色农业补偿或补贴发放到参与绿色生产的农户。三是创新绿色生态农业金融保险产品，完善农业保险政策，健全农业信贷担保体系，加快构建多层次、广覆盖、可持续的农业绿色发展金融服务体系，增强农户从事绿色生产的融资能力和抗风险能力。四是加快建立农业资源环境生态监测预警体系，构建充分体现资源稀缺和损耗程度的生产成本核算机制，确保农业资源和生态环境的价值得以科学评估并得到有效保护，强化资源环境考核评价，落实各级政府和部门的绿色发展责任，将为农业绿色发展提供重要的基础支撑。

第九章

调研报告

一、甘肃民勤生态节水农业发展调研报告

民勤是我国西北干旱生态脆弱区农业经济的典型代表，2013年习近平总书记在甘肃考察时曾明确要求："确保民勤不成为第二个罗布泊"。农业产业在民勤经济社会发展中占有重要地位，这可以从以下这组数据说明，2017年全国农业GDP占比为8%，甘肃13%，武威23%，民勤32%，民勤农业人口占2/3。

由于地处内陆干旱半干旱区，区内降雨稀少、荒漠广布、生态环境脆弱，这对民勤县乡村振兴发展现代农业提出了更高要求和挑战。乡村振兴，产业兴旺是重点，生态宜居是关键，作为干旱缺水民勤现代农业发展必须处理好产业兴旺与生态宜居的关系，把发挥农业的生态保护功能放在首位，着力调整优化产业结构布局，充分发挥民勤在丝绸之路经济带甘肃段节点城市和武威市域次中心城市的战略区位优势。民勤现代农业发展必须处理好产业兴旺与生态宜居的关系，把发挥农业的生态保护功能放在首位，着力调整优化产业结构布局，建立与民勤水资源承载能力相适应、与高效节水发展相配套的现代生态农业产业体系、生产体系、经营体系，实现百姓富、生态美的统一。

民勤生态节水农业发展采用"以水脉定格局，以格局布农林；以水效定产业，以产业促发展"的全新思路，以生态保护为前提，贯穿"水—地—人—技—业共融协调"的主旨思想，体现"农业生态化、生态产业化"的发展理念，以绿色、生态、循环、高效为目标，延伸产业链、提升价值链、优化供应链、构建循环链，发展符合沙漠绿洲特点的生态农业、生态文化、生态教育和生态旅游，构建融合循环经济理念的生态产业科技示范产业、戈壁生态农业、农产品深加工产业、智慧农业应用推广、生态文化产业、生态产业支撑服务体系，形成"研发—生产—加工—推广—服务"全产业链条。

（一）基础条件

1. 地理区位

民勤县地处东经$101°49'41'' \sim 104°12'10''$、北纬$38°3'45'' \sim 39°27'37''$，居甘肃省河西走廊东北部，石羊河流域下游，南依武威，西毗镍都金昌，东北和西北面与内蒙古的阿拉善左、右旗相接。民勤距武威市96千米，是"丝绸之路"的重镇。民勤县东西长206千米，南北宽156千米，总面积1.58万平方千米。全县辖东湖镇、西渠镇、收成镇、红沙梁镇、泉山镇、大滩镇、双茨科镇、东坝镇、夹河镇、苏武镇、三雷镇、大坝镇、薛百镇、昌宁镇、重兴镇、蔡旗镇、南湖镇、红沙岗镇18个镇，248个村，总人口27.36万人，常住人口24.18万人，其中城镇人口8.3万人，农村人口15.88万人。

2. 地形地貌

民勤县地势南高北低，全县最高海拔1936米，最低海拔1298米，平均海拔1400米，东西北三面被巴丹吉林和腾格里两大沙漠包围，由沙漠、低山丘陵和平原三种基本地貌组成。

3. 气候条件

民勤属温带大陆性干旱气候区，四季分明，冬寒夏暑，气候干燥，降雨稀少，太阳辐射强，日照时间长，昼夜温差大。平均气温日较差 14.3℃，年平均气温 8.8℃，年平均日照时数 3134.5 小时，年平均降水量 113.2 毫米，年平均降水日数 79 天，集中在每年 6～9 月，年均蒸发量 2675.6 毫米。无霜期年平均 152 天。县域内地势平坦，农业灌溉条件优越，县域内无工业污染，隔离条件好，是发展设施蔬菜、优质林果、肉羊养殖的最佳区域之一，是全国有名的"肉羊之乡""蜜瓜之乡"。

4. 水资源

2017 年蔡旗断面和井口可供水量 4.0552 亿立方米，折算到出库和井口可供水量为 3.5912 亿立方米。其中，2017 年地表水蔡旗断面过水量按 2.9 亿立方米，折算到出库可供地表水量为 2.436 亿立方米；全县地下水控制用水总量为 1.1552 亿立方米。依据各乡镇和村社确认的种地人口，按照人均享用土地的原则，人均核定农田灌溉配水面积 2.5 亩，2017 年全县斗口井口平均配水定额确定为 410 立方米/亩，农田灌溉 21974 万立方米，占总配水量的 61.19%。

5. 土地资源

民勤县幅员 1.58 万平方千米，2017 年耕地面积 87.84 万亩，占全县总面积的 3.7%，戈壁荒漠面积比重大。耕地土壤共有灌淤土、潮土、灰棕漠土、盐土、草甸土和风沙土 6 个土质种类，28 个亚类，33 个土种，土壤层较薄。

（二）发展"瓶颈"

1. 传统小农生产限制了节水农业的进一步发展

受水资源短缺约束，民勤县农民人均配水耕地2.5亩，户均耕地10亩左右。近年来，随着土地流转速度的加快，土地不断流向种植大户、家庭农场和合作社等新型经营主体，但是总体上来说，种植规模化程度仍然较低。根据编制组在各个乡镇的调研数据，50亩以上的规模户所占比例不足总量的40%，200亩以上的规模户所占比例不足总量的15%。

按照节水设备投入与节水支出减少、收益增加等投入收益关系估算结果，结合受访农户，当前水资源配额和经营制度条件下，民勤县滴灌等高效节水设备推广应用门槛为200亩左右。由此看来，按照当前的规模化水平，节水设备的推广应用受到极大限制，可以说传统小农生产限制了节水农业的进一步发展。

2. 主导产业不突出、链条不完整、产品附加值低

民勤县农业种植品种多，结构复杂，主导产业不突出，小麦、玉米等传统耗水作物种植面积大。2017年葵花籽播种面积最多，为16.2万亩，占总播种面积的24.1%，小麦、玉米播种面积分别为8.86万亩、15.44万亩，占总播种面积的32.6%，大田瓜菜和设施蔬菜占播种面积的10.2%。加工业方面，加工企业以初级加工为主，针对民勤县地方特色鲜明的产业，如瓜菜、肉羊、茴香等产业的加工企业数量少，精深加工企业几乎没有，主导产业链条短、不完整，产品多以初级形式外销，附加值低。

3. 品牌化营销进程缓慢导致产品优质不优价

品牌是重塑农业价值的"利器"，是推进农业结构战略性调整，赢得竞争新优势，促进高效现代特色农业发展的重要途径。创建农产品品牌，

更好地参与市场竞争是农业发展的必然趋势。民勤县特色农产品丰富，主导产品蔬菜、羊肉更是优质。部分经营主体将产品送到权威第三方机构监测，结果显示产品质量完全达到有机认证标准。但是目前，绝大多数农业生产经营主体农产品品牌意识仍然较为淡薄，在长期经营中形成"重数量轻质量"的思想，缺乏品牌形象实力的营造，将品牌仅仅视同为商标，大多是注重品牌的识别功能和促销功能，将其打造成名牌的意识不强，不能有效地开展品牌经营。品牌创建工作仅停留在申请商标等表面，相关配套设施和政策没有落实到位，虽然培育出了一些农产品自有品牌，总体上还是数量少、知名度低、影响力小，未真正形成品牌优势和溢价效应。

4. 农业多功能拓展不够，新业态发展相对滞后

拓展农业多功能，推进农村第一、第二、第三产业融合互动是农业农村发展的必然趋势。农业发达国家和地区的实践证明，以农业为基本依托的第一、第二、第三产业融合发展，有利于吸引现代要素改造传统农业实现农业现代化，有利于拓展农业功能培育农村新的增长点。但目前为止，民勤县农业发展与第二、第三产业的联动不足，农业生产、农产品加工和销售、餐饮、休闲体验、会展以及其他服务业未能有机地整合在一起，农业产业链短，功能单一、拓展不够，业态单一、文化挖掘不够，农村第一、第二、第三产业之间联系不紧密。

5. 利益联结机制不紧密，农户难以分享第二、第三产业增值收益

近年来，民勤县农民专业合作社发展迅速，"公司＋合作社＋农户"等模式不断涌现，有效提高了农户组织化程度，但在实际运作过程中，并未形成成熟的利益联结机制，稳定的合同和订单模式、入股定期分红、二次返利机制成功案例不多，土地、资本、技术等多要素复合、利益共享机制发展缓慢。整个利益联结体系中，种养环节的经营主体仍然以农户、家

庭农场及合作社为主，在产业链上位于上游，在利益链条上处于弱势地位，是契约、规则的接受者而非制定者，更多的时候被动做出让步。

6. 农业科技人才与农村带头人缺乏

科技是第一生产力，人才是第一资源。民勤县农业发展过程中，瓜菜、草牧业等产业初具规模，但实际调研发现，各乡镇几乎都反映相关产业的科技人才跟不上，产业发展过程中遇到的问题全凭经验或者多方打听解决，没有成熟的指导队伍，严重影响了经营者进一步扩大再生产的信心。大量实地调研表明，农村带头能人对农村产业的发展有着不可忽视的重要作用。然而，由于农业生产比较收益低，大量农村人口外出打工，民勤县农村青壮年流失严重，农业劳动力老龄化严重，平均年龄在55岁以上，创新创造能力相对弱，带头能力不强，亟须加大政策支持，多方式多渠道吸引返乡创业人才，培育带头能人。

（三）发展思路

1. 发展节水高效农业，符合"业—水"协调

民勤农业发展首先必须遵从节水高效要求，业态选择上，推动节水灌溉，促进设施农业发展，试验、推广抗旱节水新品种选育，利用闲置的戈壁、沙地、盐碱地和丰富的光热资源，发展特色有机农业、"戈壁农业"。

2. 发挥地域禀赋优势，符合"业—地"协调

民勤农业选择必须充分发挥区域光热水土的自然资源优势，发挥好三面环沙的独特禀赋条件，发展有机农业，逐步培育和打造具有区域竞争力的高端有机农产品，为消费者提供高品质高附加值的产品。

3. 立足区域现有基础，符合"业—人"协调

发展农业产业其根本目的是带动农民持续增收。民勤农业产业选择与

优化过程,要充分巩固当前优势产业,循序渐进地引导农民改变种植习惯和生产模式,做到业态发展与新农人的发展同步协调。

4. 有效促进产业联动,符合"业—业"协同

在主导产业及其细分行业的选择过程中,注重产业链上下游环节有效配合,有利于产业"溢出效应"发挥;在产业体系构建过程中,应该注重各产业之间的内在关联性,协同发展的同时,构建形成现代循环农业产业链。

(四) 发展路径

1. 产业定位

按照民勤县大力实施生态立县、产业强县、文明兴县战略的总体要求,结合区域禀赋特色、主导产业基础及发展机遇,制定现代农业发展战略、明确发展定位,用好政策、科学谋划,以创建"民勤生态特区"为引领,重点发挥现代农业的生态保护涵养、科技创新示范、绿色农产品生产、休闲观光体验、文化传承创意等功能,把民勤现代农业建设成为全国生态节水高效农业科技引领区、全国戈壁生态循环农业可持续发展示范区、"一带一路"绿色农产品国际合作区、戈壁绿洲产村融合振兴样板区。

2. 产业选择

依据民勤农业产业发展基础,按照"水—地—人—技—业"共融协调的建设理念,充分发挥农业生产功能和生态功能及其他多种功能,参考以色列等国家和地区农业产业体系特征,以单方用水效益最大化为目标,确定民勤未来要以设施瓜菜产业、现代草牧业为主导产业,积极发展戈壁农业,延伸产业链、提升价值链、优化供应链、构建循环链,发展农产品加

工业，培育农旅产业和现代种业等新兴产业，配套建设有机肥业、现代物流业，发展生态绿色农业，提高用水效益。

3. 产业规模

水是民勤农业产业发展的主要约束条件，为此，基于作物用水和单位用水效益最大化的视角，构建农作物生产模型、农作物总产模型等方法，确定设施瓜菜产业、牧草产业、大田作物的种植规模（见表9-1）。

表9-1 "水—地—业"匹配方案

序号	产业类别	土地配置规模（万亩）	
		2022 年	2035 年
1	设施瓜菜产业	5	5
2	露地瓜菜产业	21.6	23.5
2.1	蔬菜产业	14.6	15.4
2.2	甜瓜产业	7.0	7.5
3	特色中药产业	7.9	9.8
4	现代花卉产业	1.85	3.2
5	饲用玉米	19.3	18.75
6	小麦玉米	7.1	2.5
合计	配水面积	62.75	62.15
	牧草产业（休耕）	25	25.3

4. 产业体系

通过重点产业选择，确定了瓜菜产业、特色中药产业、现代花卉产业和现代草牧业为民勤主导产业，围绕研发、生产、加工、流通（交易）、农旅全产业链布局，带动科技服务、信息服务、公共服务、旅游业等一系列关联产业以及现代物流业、商贸等一系列的配套产业，发挥产业的试验示范、科普教育、商贸物流、休闲体验和度假旅游等功能，引导智慧农业、节水高效农业发展（见图9-1）。

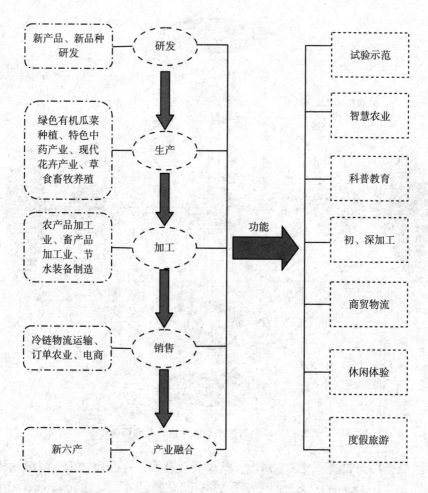

图 9 – 1 民勤县生态节水农业主导产业及产业链

5. 循环产业链

充分考虑民勤资源环境承载力，以提高农业资源利用效率、实现农业农村生态环境可持续发展为目标，以节约化的资源利用、清洁化的生产过程、循环的产业链接、废弃物的资源化利用为手段，结合创新科技驱动、龙头企业带动、示范试点推动、第一、第二、第三产业融合联动，逐步转变民勤农业发展方式，构建最优循环农业发展体系，力争实现种养业内部小循环、乡镇中循环以及民勤全域大循环发展，推进循环农业整体推进，实现民勤县乡村绿色振兴发展（见图 9 – 2）。

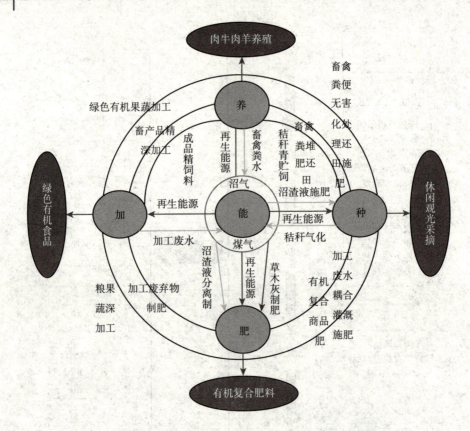

图9-2 民勤县生态节水农业产业循环链

结合民勤农业发展现实情况，从减量化技术、再利用技术、资源化技术、系统化技术四个方面进行设计（见图9-3）。其中减量化技术涉及节肥技术、节药技术等，再利用技术涉及农药废弃包装物回收加工再利用，系统化技术包括农作物轮作技术、农作物间套种技术（在大田作物规划中有详细内容）。生产方案设计最重要的是资源化技术，其中，秸秆资源化利用技术、畜禽废弃物的资源化利用技术、废旧农膜资源化利用技术都是目前民勤县发展循环农业的重中之重。

6. 管建模式

创设"算水账、严管井、上设施、增农艺、统收费、节有奖"的生态节水高效农业管建模式。

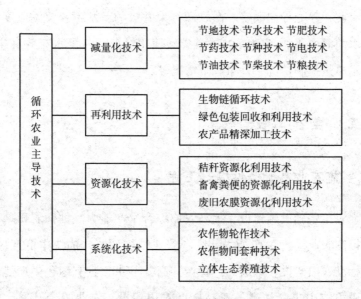

图 9-3 循环农业的主导技术

算水账：严格实行灌溉用水限额管理，设施作物每年用水量不超过 500 立方米/亩，粮田、露地菜田每年用水量不超过 350 立方米/亩，鲜果果园每年用水量不超过 100 立方米/亩。

严管井：严格用途管控，严控机井数量，严格水量管理，严格计量管理。农业灌溉机井只用于农业灌溉，封填一眼、更新一眼。根据灌溉地块种植结构、面积和用水限额核定取水限额，安装计量设备。

上设施：推进农业高效节水灌溉设施建设，建成一批高效节水灌溉示范区，大田采用喷灌，设施作物、果树采用滴灌、微喷及小管出流等高效节水设施，开展高效节水设备研发及技术攻关与推广。

增农艺：因地制宜推广农艺节水技术，在设施农业中推广地膜覆盖、防草布敷设、水肥一体化等农艺技术；在大田中推广抗旱品种种植、秸秆还田、免耕播种等农艺技术。

统收费：建立健全农业灌溉用水收费机制，农业灌溉用水超出限额部分实行加价收费，并征收水资源费。收取水费主要用于缴纳动力费、工程运行维护、节水奖励等。

节有奖：建立导向明确、激励和约束并重的节水考核奖励制度。考核高效节水灌溉面积、高效节水灌溉设施使用情况、灌溉水有效利用系数、农业用水总量控制情况、计量收费情况等。

（五）重点工程

1. 实施农业基础条件提升工程

加强农田基础设施建设，提高农业综合生产能力。加强农田基础设施建设，提高农业综合生产能力。结合农业结构调整，加快中低产田改造，实施高标准农田建设，形成高产稳产、高效节水、具有绿色生产能力的农田。积极争取中央、甘肃省对高标准农田建设、农业综合开发、土地整治、高效节水灌溉工程等重点项目资金投入。同时积极实施项目与科技转化的有效对接，立足重点区域，突出重点品种，加快推动标准化生产基地建设，着力提高农业综合生产能力。

加快推进节水农业措施建设。加大政策资金投入力度，加快农业节水设施建设、装备改良和技术推广步伐。推广渠道防渗、垄膜沟灌、低压管灌、改进地面灌溉等工程节水措施。推进深耕深松扩容改土、生物和地膜覆盖保墒技术，促进农艺节水，推进节水农业示范园区建设。加强灌区用水信息管理，稳步实施农业水价改革，实现科学管水，促进管理节水。通过采取工程节水、农艺节水和管理节水措施推广高效节水农业技术，显著提高灌溉水利用率，控制农业用水总量，建立与水资源承载能力相适应的高效节水农业体系，逐步实现农业水利现代化。

着力提高现代农业装备水平。抓好农业机械化推进工程，全面提高示范区农业机械化水平、科学合理的机械作业规范，促进农机农艺融合。推进小麦、玉米等主要农作物全程机械化；做好瓜菜、林果、牧草等经济作物专用机具研制、推广及智能化管控；挖掘农业机械化节种、节水、节能潜力，促进农业可持续发展。同时搞好先进农机新技术、新机具的试验示范和推广引导工作，加强农机手培训。

2. 实施全产业链开发工程

实施全产业链开发，把农业标准和农产品质量标准全面引入农业生产、加工、流通全过程，有效延长农业产业链，增加农业附加值。加大政策倾斜，以产业链延伸和集群化发展为重点，培育或引进有实力、善经营的农业龙头企业，逐步形成一批技术进步快、经济效益好、产业关联度强的骨干企业，形成支撑带动作用。同时完善龙头企业与农户利益联结机制，把分散经营的农户联合起来，把农业生产、加工、销售环节连接起来，有效提升农业产业化经营能力。

3. 实施科技支撑与信息化建设工程

结合民勤县产业发展的科技需求，以技术创新和科技服务组织创新为动力，加强产前、产中、产后全程技术服务。搭建农业科技创新与合作平台，开展院校合作，整合科研技术力量，加强高效节水技术与节水灌溉设备、日光温室、大田作物新品种、绿色有机技术等重大技术研发攻关，加强新品种引进、推广与示范。

围绕农业生产智能化、经营网络化、管理高效化、信息服务便捷化目标，推进信息化与农业现代化全面深度融合。整合现有涉农信息服务方式、服务内容和服务渠道，促进农业信息资源共享，建设覆盖县、乡镇和村的三级农业信息服务网络，鼓励绿色瓜菜、特色林果、特色畜牧产品及旅游产品的网上平台销售，培育农产品电商群体。

农产品电子商务平台建设。推进农特产品电子商务综合平台建设，创建农特产品网上产销对接直销模式，实现千家万户和千变万化市场的有效对接。利用与苏宁易购、京东商城、集群E家等电商企业对接契机，完善县电商公共服务中心、乡服务站和村服务点功能及配套设施，开展"农村电商物流专题培训"等一系列电商物流技能培训，提高电子商务增收致富的能力和素质。加快乡村宽带网络工作建设。协调电信、移动、联通等有关部门对乡村网络进行安装和调试，争取村村有网络、户户通网络，实现行政村宽带接入率达100%。

物联网智能农业信息应用建设。加快推进物联网、云计算、大数据、移动互联等新兴信息技术在民勤县农业生产尤其是特色果蔬生产领域的应用，建设引进农田管理地理信息系统、土壤墒情气象监控系统、病虫害监测预报防空系统、智能灌溉系统等，提高生产经营设施装备的数字化与智能化，做到远程管控、智能诊断、精确调控、智慧管理。

4. 实施新兴产业培育工程

拓展新模式、新业态，提升生产效率和增值空间，重点发展特色旅游，通过实施休闲农业打造工程，推进农文旅融合发展，建设一批特色鲜明、主题突出的休闲观光农业项目，促进休闲农业健康快速发展；实施"互联网＋"现代农业行动计划，引导农产品生产、加工与休闲、旅游、文化等产业深度融合。规划期末，使农业产业新兴产业综合实力显著提高，创新能力大幅提高，产业贡献作用明显提升，产业体系逐步完善。

二、房山窦店现代循环农业发展调研报告

窦店镇属于房山区辖镇，镇域面积64.58平方千米，位于房山区东南部。地处永定河及大石河之间的冲积平原。窦店镇距良乡卫星城9千米，北与阎村镇为邻，东至小清河岸边，南邻琉璃河镇，西至大石河。全镇户籍人口4.6万人，其中农业户籍人口2.44万人。辖4个社区、30个行政村。

窦店镇总体发展定位为北京西南重要的产业发展新区，是以现代都市工业、都市农业、绿色人居和教育产业为主导发展的生态型重点城镇。在

农业发展中主要承担绿色生态核心职能（房山区高效农业产业示范基地/大石河生态建设区），即依托传统农业优势，建设北京市市级高效农业产业示范基地，重点建设大石河、小清河生态建设区，恢复和保护大石河、小清河流域湿地生态系统，与琉璃河镇共同建设房山区平原区南部的生态核心区域。窦店镇的功能定位决定了其农业发展必须走出一条绿色、生态、可持续发展的道路。

（一）基础条件

1. 资源优势

窦店镇建成有相对集中连片的旱涝保收标准农田两万亩，是北京市近郊地区为数不多的优质农业资源保护利用区。窦店镇以资源利用集约化、生产过程清洁化、废物利用资源循环化为主线，推广清洁生产、农牧结合等生态循环农业发展模式，推动园区小循环、产业中循环、区域大循环，推动种养结合示范基地，实现资源节约、环境友好。目前，北京窦店投资管理有限公司、北京泰华集团芦西园等园区，均通过沼气工程实现了产业循环，为全镇进一步发展生态循环农业探索了道路。

2. 产业发展

窦店镇农业立足资源基础，整合各方资源，已经形成了精品肉牛和设施蔬菜两大主导产业。在设施蔬菜方面，面积达到4100亩，亩均产值达到3.5万元，2016年规范设施园区5家，新增市级标准化基地13家。目前，已形成泰华芦村、翠林花海、鑫海绿丰、京西阳光润祥园等一批规模化设施蔬菜基地，其中河口村设施蔬菜种植园被认定为农业农村部蔬菜标准园。格瑞拓普生物技术有限公司日产食用菌达到20吨，实现了食用菌工厂化、标准化生产，是目前国内技术、设备最先进的工厂化食用菌生产企业，生产的金针菇销量占北京市总销量的95%。在精品肉牛产业方面，以益生公司为龙头，通过与中国农业大学的科企联合、校企联合，努力改良畜牧品种，带动了产业上档次。益生公司是以屠宰、加工、销售为一体的农业产业化重点龙头企业，公司设有容积 1000 吨的冷库，2500 平方米的屠宰车间、排酸车间、分割车间、内脏加工车间，公司按照穆斯林教规的要求和食品安全标准屠宰，已实现年屠宰量肉牛 2 万头、羊 10 万只。

3. 政策支持

改革开放以来，窦店镇一直是全国著名的农业先进典型，窦店镇是经国家六部委研究确定的全国 1887 个重点镇之一，是北京市推进郊区城市化战略中优先建设的 33 个中心镇之一，是房山区城镇体系规划确定的中心镇和工业转移基地。2016 年，窦店镇入选国家住建部、发改委等七部委联合评出的"全国重点镇"。窦店村曾被中央领导人誉为"社会主义现代化新农村雏形"，先后有数十万海内外人士来此参观，知名度较高是产业园发展的重要无形资产。窦店镇享受到各方面对优先发展城镇在资金、项目、政策等支持。

4. 科技支撑

近年来，窦店镇重视产学研结合，在中国农业大学、中国农科院、北京农林科学院等科研院所的高度重视和大力支持下，承担了一批国家级、市级科技攻关项目。如北京窦店投资管理有限公司饲养的所有母牛配种所用冻精均为中国农业大学肉牛研究中心推荐，来自美国和加拿大的世界著名育种公司，具有三代以上完整系谱，遗传背景清楚；公司引进了新型实验室设备，建成了化学检测实验区并与中国农业大学相关教授合作，致力于研究及检测饲料的安全性，从源头保证产品品质。泰华芦村园区与北京农林科学院合作，以多、新、特品种打造园区的科技化。

5. 组织带动

近年来，窦店镇在创新体制上探索新路子，引导龙头企业与农户形成利益共享、风险共担的经营机制。采用土地流转、农民入社的方式，引导农户用现代生产技术发展设施农业，在充分尊重农户意愿前提下，将农户承包土地的经营权流转出去，形成集中连片发展规模。窦店村成立农牧工商总公司，2016 年，村办集体企业 13 家，集体农场 6 家、合作参股企业 9 家，引进独资企业 26 家，实现农村经济总收入 26.8 亿元，集体净资产 80676 万元，形成了富有活力的村集体经济发展模式。

（二）发展瓶颈

1. 资源要素瓶颈制约

都市农田和水不仅具有生产功能，而且也是首都生态系统的重要组成部分，更是宜居城市重要的绿色空间。但随着工业化和城市化进程的加快，窦店农业发展在自然资源、市场竞争等方面面临的压力更加明显。农业生产空间不断调减，水土资源与环境对农业的约束日益趋紧，社会对农业的负外部性愈加关注。窦店镇人均土地面积不及全国平均值的 1/5，是全国水资源缺乏地区之一，人均水资源占有量仅为全国人均的 1/8，世界平均值的 1/30，属资源型重度缺水地。农业水土资源对窦店现代农业产业发展的约束作用日趋明显。

2. 农业服务体系薄弱

农业社会化服务体系有待进一步完善，土地流转市场、农业融资市场、农产品流通市场、农业人才市场、风险防范等一系列服务市场体系不健全，造成都市农业产业化组织较高的运营成本。产业化组织资金融资困难，由于缺乏资金，产业化组织的抗风险能力很低。农产品流通的配套设施不够完善，市场信息获取渠道单一，农产品专业市场布局不合理，配送和保鲜储藏能力弱，提高了农产品中间流通环节的成本。科技与人才优势未能充分发挥，先进的科学技术和复合型创新人才较为缺乏。

3. 功能拓展亟待规范

休闲农业发展已经成为窦店现代农业发展的一支新兴产业以及与当地旅游业、农业相配套的支柱产业。虽经多年实践，但发展中还存在概念不清晰、术语不规范、符号不统一、经营管理不规范、服务标准低、产品类型单一、产品档次较低等问题，尚未形成可持续的、健康的产业链和产业体系，制约了当地农业生态休闲与旅游文化的可持续发展。旅游农业、观光农业、休闲农业、教育农业、创意农业等产业形态发展有待进一步规范，内容有待进一步丰富。

4. 新形势提出新挑战

从外部来看，现阶段，我国经济进入新常态、改革进入深水区，北京的经济社会发展将更加突出疏解非首都功能、治理大城市病，面临更加深刻的结构调整，以突出发展的质量和效益，这一系列宏观背景对窦店现代农业发展提出了新的要求，更加注重服务城市与农村的生产、生态与生活，更加突出发展质量提升。从内部来看，农业的土地使用成本和机会成本、生产资料价格、劳动力成本等都在不断抬升。随着经济全球化进程的加快，国际国内市场全面开放，以及"互联网＋"农业的不断发展，北京农业面临的市场竞争将愈加激烈。

（三）发展定位

1. 都市型生态农业示范区

改变粗放的生产方式，科学合理使用农业资源，加强农业资源保护，加速农业生态环境治理，加快发展高效节水农业和生态循环农业，推广资源节约型、环境友好型生态种养模式，促进农业生产的良性循环、农业资源的永续利用，为建设"天蓝、地绿、水净"的美好家园做出贡献。

2. 京津冀高新农业协同发展区

积极利用首都科技资源，大力发展良种繁育、智慧农业、设施农业等科技型农业业态，用农业高新技术和现代化的物质装备改造传统农业，加强科技研发创新，加速集成推广先进适用技术，强化职业农民培训，积极推进农业机械化，提升都市型农业发展水平。

3. 首都高端安全"菜篮子"应急保障供应基地

围绕首都市场需求，按照标准化生产技术规程，从生产、加工、包装、运输到销售实行全程质量控制，生产富有地域特色的安全、营养、优质、鲜活农副产品，适应首都居民生活对食品消费要求不断提高的需要。

4. 市民京郊后花园

围绕首都居民休闲需求，大力发展休闲度假型、体验参与型农业，建设一批集度假、餐饮、观赏、娱乐为一体的多功能特色园区，实现农业与旅游业的紧密结合，满足与适应市民走出城市、回归自然，享受宁静安逸生活的心理和多层次、多元化的消费需求。

（四）发展路径

1. 做大做强肉牛产业

依托益生公司，积极吸引中国农业大学等科技资源，推动"科企联合、校企联合"，完善产业链条，构建"饲草饲料—标准化养殖—屠宰加工—清真食品、标准化养殖—粪便等农业面源废弃物—生物能源—有机肥加工"的全产业链与循环链，引领肉牛产业高效、生态循环养殖技术规范。

良种繁育。建设肉牛良种繁育基地，开展肉牛生产性能测定，实行肉牛良种登记、标识管理制度。开展人工授精技术人员培训，推广优质冻精、胚胎移植，不断提高肉牛养殖水平。

饲草料基地。大力发展人工种草，围绕肉牛养殖基地大力推广饲用玉米，提倡全株玉米青贮，提高粗饲料质量。配备配方饲料加工设备、青贮饲料收获及粉碎、保鲜设备等。

标准化养殖。科学规划、严格准入，实行区域控制，对新建、改建、扩建的养殖场（小区）严格执行环保许可审批手续。在场址布局、栏舍建设、生产设施配备、良种选择、投入品使用、卫生防疫、粪污处理等方面严格执行相关标准和规定。建设标准化畜禽舍，配套建设消毒隔离室、兽医室、配种冻精室、库房等设施，配备闭路电视监控系统。

疫病防控。在养殖过程中以疾病预防为主，通过在预混料中加入中药成分和益生菌等抗生素替代品，减少疫病发生，提高产仔率、成活率，养殖绿色畜禽产品。加快建设动物疫病监测预警、动物疫病预防控制、动物防疫检疫监督、兽药质量监察和残留监控、动物防疫技术支撑、动物防疫物资保障等系统。加强动物产地检疫、屠宰检疫、流通环节和动物防疫条件建设。严格规范饲料、添加剂、兽药等养殖投入品的生产、经营和使用，加大动物产地检疫、屠宰检疫、流通环节和动物防疫条件审核工作力度，建立畜产品质量安全长效监管机制。

牛肉加工。发展肉牛工厂化屠宰、分割及风味肉制品加工。加强畜产品生产企业和畜禽专业批发市场的冷藏冷冻、冷链运输、包装仓储、检验检测等基础设施建设，发展冷链物流。

2. 做优做精蔬菜产业

推动设施蔬菜提档升级，围绕首都市场需求，提升设施水平，丰富产品供应，实现均衡供应、安全供应、周年供应。依托泰华芦村、京西阳光润祥园、翠林花海、鑫海绿丰等基地，加强集约化育苗设施建设，提高精特菜种植比例，培育优质蔬菜品牌，完善蔬菜物流和加工体系，实行净菜上市，建设"种植规模化、生产标准化、经营产业化、处理商品化、销售品牌化"的都市型蔬菜产业。

创建蔬菜标准园。建设高标准设施温室大棚，建造连栋大棚、钢架单体大棚及钢架防虫网大棚。提高卷帘机、增温设施、棚内小型机械的配套率，推广水肥一体化、病虫害绿色防控、农业物联网等技术。建设蔬菜集约化育苗基地，引进精细茄果类品种，推动设施蔬菜育苗向专业化、集约化、商品化发展。

推进农药减量增效。推广生物农药，减少化学农药；调整农药的施用结构、施用方式及施用量；综合运用农业防治、物理机械防治、生物防治和其他有效生态防治手段。对农业投入品包装袋（瓶）和地膜、塑料等废弃物集中分类收集、统一处理。

建设智慧农场。大力推广设施蔬菜物联网应用技术，提高设施菜田温湿度自动监测调控能力，购置和安装智能化监测与控制的基础设备，开发环境自动监测、环境自动控制、视频实时监控、病虫害防控和成熟度预测分析、智能农事操作和智能投入品管理等系统，降低劳动强度和生产成本，提高蔬菜现代化水平。全面加快推进产业园农业生产智能化、经营信息化、管理数据化、服务在线化，促进农业提质增效和转型升级。

发展精特菜。面向中高端市场，建设优质精特菜生产基地，引进彩椒、芦荟等名优特菜品种，不断扩大特色菜的生产规模。加快绿色、有机蔬菜认证工作。

发展优质食用菌。依托格瑞特普公司，以菌种研发和设施提升为关键，构建包括"菌种—菌物—菌料—食用菌生产—食用菌加工—食用菌废料处理"的食用菌产业链。建设光伏设施农业大棚，实现"棚顶光伏发电、棚下种菇"。推广自动拌料装袋机、高压灭菌锅、粪草基料翻堆机、无菌接种生产线、真空预冷包装机等先进设备和自动控温发菌、仓储式灭菌、工厂化栽培、菇棚自动化控制、无害化生产等现代化生产设施。积极开发饮料、菇精、平菇多糖提取等精深加工产品，促进食用菌加工快速向保健食品、药品、化妆品、生物制品等多元化、高端化方向发展，大幅度提高附加值。

发展净菜加工。根据市场需求，加强采后商品化处理，扩大净菜、小包装加工、冷藏蔬菜运输的比重。开发生产配菜、包装菜及蔬菜半成品等多种类型的产品，增加供应宾馆、饭店、酒楼、超级市场、节日装箱礼品菜等特色菜的比例。

3. 构建循环产业链条

构建种养结合生态循环产业链。根据区域种养养分平衡测算依据，按照种养循环、产业融合的思路，构筑窦店镇循环农业产业链条。规划至2020年，窦店有耕地约3万亩，其中粮食作物1.5万亩（其中青贮玉米8000亩）、蔬菜1.3万亩、林果0.2万亩。规划至2020年，生猪养殖全部退出，存栏肉牛1万头、存栏肉鸡80万只，存栏肉羊5000只。大力推广"畜—沼—菜"循环农业模式，推广"就地结合、就地利用"模式。规划为养殖场配套建设年产5万吨有机肥加工厂1座，建设3000立方米大型沼气工程1处，集中收集处理项目区养殖粪污，实现养殖粪污的无害化处理和资源化利用。种养循环流程图如图9-4所示。

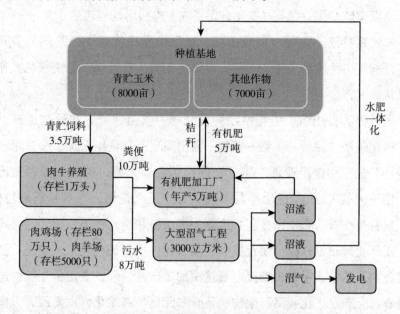

图9-4 窦店循环农业产业链流程

强化农业废弃物资源化利用。遵循"减量化、资源化、无害化"的原则，按照"雨污分离、干湿分离""干粪池、沼气池、沼液后处理池配套"的要求建设畜禽粪污处理设施，实现对大型养殖场的粪污进行无害化处理和资源化利用。依托养殖企业，引进专业化生物质能企业，充分利用畜牧养殖产生的粪污，以大型沼气工程和有机肥厂为重点，形成"原料分散收集——集中厌氧处理——沼肥分散消纳"的模式，实现"气、热、电、肥"综合利用。

4. 发展休闲观光农业

依托主导产业，依据城乡总体规划，以特色产品、休闲体验、文化传承为主题，重点打造小清河景观农业带和大石河景观农业带，推动泰华芦村、京西阳光润祥园、翠林花海、鑫海绿丰等基地增加休闲游乐设施，推动窦店镇现代农业产业园向休闲化方向转型升级。

观赏型农业旅游。重点依托规模化设施生产基地，加强道路绿化和滨水绿化，结合农田林网的建设，编织现代农业展示基地的绿网，实现绿网与路网、水网有机联系，相互呼应，共同构建观光农业的网络，开展风光摄影大赛、写作大赛、田园采风、花园果园观光、农业设施游览。

体验型农业旅游。以果品采摘基地、观赏果园、农耕体验基地、观光垂钓园等为载体，开展采摘、种植体验、果树认养、水上垂钓等活动，提高游客的参与性，增加农业旅游的趣味性。

文化型农业旅游。以农业技术成果展示点、生态园等为载体，开展优质农产品评比、果品鉴赏、名特优农产品拍卖、技术培训等活动，注重知识性、科技性与趣味性相结合，大力发展民俗旅游，体现纯正民俗风情。

服务型农业旅游。以农家乐、生态园、乡村休闲会所等为载体，建设餐饮住宿及乡村休闲娱乐场所，开展健身、食疗等活动，发展体现纯正民俗风情的农家院，开发保健食品、功能食品，开展健康讲座、运动健身、食疗等服务。

5. 加强质量控制和监管

全面提升质量水平。加大"三品一标"、欧盟标准的生产基地创建力度，推广优质安全、生态环保型肥料农药等农业投入品，全面推行绿色、生态和环境友好型生产技术。鼓励企业参加 ISO9000、HACCP、GAP、GMP 等管理体系的认证。采用信息化手段进行生产信息管理，积极开展农产品产地环境定点监测、农业投入品监督检查、农产品质量安全监督抽查等工作，在标准化基地内，做到产前有环境质量标准、产中有生产技术操作标准、产后有卫生质量和包装标准、全过程有规范管理标准，实施"从产地到餐桌"的全过程质量安全监控制度，全面提升农产品质量。

加强溯源体系建设。围绕着"亮真的、打假的、售好的"的工作要求，坚持品质至上，做好地理标志农产品、有机绿色产品的登记和认证工作。运用包括确地、确种子、确投入品、质量检测、二维码技术在内的"三确一检一码"产品溯源服务体系，实现窦店农产品从种子到生产、加工、销售环节的全程保质、保真、可溯源。建立农产品质量安全追溯平台，建立涵盖基地、合作社、生产者、包装运输等产业链上各环节的数据库和信息查询平台，实现农产品质量安全的全程控制和有效监管。

参 考 文 献

[1] 常向阳，赵璐瑶. 江苏省小麦种植农户化肥与农药选择行为分析——基于选择实验法的实证 [J]. 江苏农业科学，2015，43（11）：551-555.

[2] 崔元锋，伍昌盛，郝文杰，谭波. 绿色农业经济发展论 [M]. 北京：人民出版社，2009.

[3] 陈诗一，中国绿色工业革命：基于环境全要素生产率视角的解释 [J]. 经济研究，2010（11）：21-34，58.

[4] 陈卫平. 中国农业生产率增长、技术进步与效率变化：1990~2003 年 [J]. 中国农业观察，2006（1）：18-80.

[5] 邓明君，邓俊杰，刘佳宇. 中国粮食作物化肥施用的碳排放时空演变与减排潜力 [J]. 资源科学，2016，38（3）：534-544.

[6] 方福前，张艳丽. 中国农业全要素生产率的变化及其影响因素分析——基于 1991~2008 年的 Malmquist 指数方法 [J]. 经济理论与经济管理，2010（9）：5-12.

[7] 郜亮亮，黄季焜，Rozelle Scott，等. 中国农地流转市场的发展及其对农户投资的影响 [J]. 经济学（季刊），2011，10（4）：1499-1514.

[8] 谷树忠，谢美娥，张新华. 绿色转型发展 [M]. 杭州：浙江大学出版社，2016 年.

[9] 葛鹏飞，王颂吉，黄秀路. 中国农业绿色全要素生产率测算 [J]. 中国人口·资源与环境，2018，（5）.

[10] 韩长赋. 大力推进农业绿色发展 [J]. 农业装备技术，2017，

43（7）：1-1.

　　[11] 黄娟，张涛．生态文明视域下的我国绿色生产方式初探 [J]．湖湘论坛，2015，28（4）：77-82.

　　[12] 焦翔．我国农业绿色发展现状、问题及对策 [J]．农业经济，2019（7）：3-5.

　　[13] 李谷成．中国农业的绿色生产率革命：1978—2008 年 [J]．经济学：季刊，2014，13（2）：537-558.

　　[14] 李谷成，范丽霞，闵锐．资源、环境与农业发展的协调性——基于环境规制的省级农业环境效率排名 [J]．数量经济技术经济研究，2011（10）：21-49.

　　[15] 李谷成，冯中朝．中国农业全要素生产率增长：技术进步推进抑或效率驱动——一项基于随机前沿生产函数的行业比较研究 [J]．农业技术经济，2010（5）：6-14.

　　[16] 李庆江，廖超子，刘建华，等．绿色生产视角下的"三品一标"发展研究 [J]．中国农业资源与区划，2014，35（5）：135-138.

　　[17] 李俊，徐晋涛，省际绿色全要素生产率增长趋势的分析——一种非参数方法的应用 [J]．中国林业大学学报（社会科学版），2011（4）：139-146.

　　[18] 李文华，郭丰，陈永强．中国区域农业绿色全要素生产率分解及收敛性分析 [J]．重庆工商大学学报（社会科学版），2019，（2）.

　　[19] 梁吉义．绿色低碳循环农业 [M]．北京：中国环境出版社，2016 年.

　　[20] 刘丽红．农民绿色生产认知度与行为状况调查与分析——基于对青岛市农民的调研数据 [J]．高等农业教育，2014（2）：109-113.

　　[21] 刘战伟．资源环境约束下的中国农业全要素生产率增长与分解 [J]．科技管理研究，2015（1）：83-87.

　　[22] 刘子飞．中国绿色农业发展历程、现状与预测 [J]．改革与战

略, 2016 (12): 94 – 102.

[23] 林卿, 张俊飚. 生态文明视域中的农业绿色发展 [M]. 北京: 中国财政经济出版社, 2012.

[24] 潘丹. 基于资源环境约束视角的中国农业绿色生产率测算及其影响因素解析 [J]. 统计与信息论坛, 2014, V.29; No.167 (8): 27 – 33.

[25] 全炯振, 中国农业全要素生产率增长的实证分析: 1978～2007 年: 基于随机前沿分析 (SFA) 方法 [J]. 中国农村经济, 2009, (9).

[26] 宋长青, 刘聪粉, 王晓军. 中国绿色全要素生产率测算及分解: 1985～2010 年 [J]. 西北农林科技大学学报 (社会科学版), 2014 (3): 120 – 127.

[27] 石慧, 孟令杰, 王怀明. 中国农业生产率的地区差异及波动性研究——基于随机前沿生产函数的分析 [J]. 经济科学, 2008 (3): 20 – 33.

[28] 谭秋成. 作为一种生产方式的绿色农业 [J]. 中国人口·资源与环境, 2015, 25 (9): 44 – 51.

[29] 檀勤良, 邓艳明, 张兴平, 张充, 杨海平. 农业秸秆综合利用中农户意愿和行为研究 [J]. 兰州大学学报 (社会科学版), 2014, 42 (5): 105 – 111.

[30] 王绍凤. 绿色种植业经济发展系统研究 [D]. 天津: 天津大学, 2008.

[31] 王志刚, 黄圣男, 和志鹏. 不同农业生产模式中农户对绿色农药的认知及采纳行为研究——基于北京海淀、山东寿光、黑龙江庆安三地的调查 [J]. 山西农业大学学报 (社会科学版), 2012 (5): 454 – 459.

[32] 王炯, 邓宗兵. 中国农业全要素生产率的变动趋势及区域差异——基于 1978～2008 年的曼奎斯特指数分析 [J]. 生态经济, 2012 (7): 129 – 133, 144.

[33] 吴雪莲, 农户绿色农业技术采纳行为研究 [M]. 北京: 中国农业出版社, 2017 年.

[34] 徐光敏. 绿色生产视角下的"三品一标"发展成效及对策 [J]. 现代农业科技, 2017 (4): 277-278.

[35] 徐敏权, 尚庆伟, 于洋, 等. 农产品绿色生产与管理技术应用研究 [J]. 农技服务, 2016, 33 (11): 7-9.

[36] 杨俊, 陈怡. 基于环境因素的中国农业生产率增长研究 [J]. 中国人口·资源与环境, 2011, 21 (6): 153-157.

[37] 杨致瑗. 农业供给侧改革背景下绿色生产方式的作用和意义 [J]. 安徽农业科学, 2017, 45 (14): 211-215.

[38] 严立冬等. 绿色农业导论 [M]. 北京: 人民出版社, 2008 年.

[39] 余威震, 罗小锋, 李容容, 等. 绿色认知视角下农户绿色技术采纳意愿与行为悖离研究 [J]. 资源科学, 2017, 39 (8): 1573-1583.

[40] 张春梅, 郭立夫. 绿色农业生产积极性的影响因素分析——以吉林省大安市绿色水稻种植为例 [J]. 社会科学战线, 2014 (9): 247-249.

[41] 张林, 冉光和, 蓝震森. 碳排放约束与农业全要素生产率增长及分解 [J] 华南农业大学学报 (社会科学版). 2015 (3): 22-32.

[42] 郑风田. 绿色生产是农业供给侧结构性改革成功的关键 [J]. 中国党政干部论坛, 2017 (1): 84-85.

[43] 郑宏艳, 米长虹, 郑宏杰, 丁健, 黄治平. 农业绿色发展的来源、内涵与理论基础浅析 [J]. 科技经济导刊, 2019, 27 (23).

[44] 展进涛, 徐钰娇, 葛继红. 考虑碳排放成本的中国农业绿色生产率变化 [J]. 资源科学, 2019, (5).

[45] 中国农业科学院中国农业绿色发展研究中心. 中国农业绿色发展报告2018 [M]. 北京: 中国农业出版社, 2018 年.

[46] Chung Y H, Färe R, Grosskopf S. Productivity and Undesirable Outputs: A Directional Distance Function Approach [J]. Journal of Environmental Management, 1997 (3).

[47] Diewert, W. E., Caves, D. W., Christensen, L. R. The Eco-

nomic Theory of Index Numbers and the Measurement of Input, Output and Productivity [J]. Econometrica Review, 1982, 50 (6): 1393 – 1414.

[48] Fare, R. , Grosskopf, S. , Norris, M. , Zhang, Z. Productivity Growth, Technical Progress, and Efficiency Change in Industrialized Countries[J]. American Economic Review, 1994 (84): 66 – 83.

[49] Zhou Y H, Zhang X H, Tian X, et al. Technical and environmental efficiency of hog production in China: A stochastic frontier production function analysis [J]. Journal of Integrative Agriculture, 2015, 14 (6): 1069 – 1080.

图书在版编目（CIP）数据

种植业推进绿色生产方式研究/张琳著. —北京：
经济科学出版社，2019.12
ISBN 978 - 7 - 5218 - 1144 - 5

Ⅰ.①种… Ⅱ.①张… Ⅲ.①种植业 - 研究 - 中国
Ⅳ.①F326.1

中国版本图书馆 CIP 数据核字（2019）第 287235 号

责任编辑：齐伟娜　杨　梅
责任校对：刘　昕
责任印制：李　鹏

种植业推进绿色生产方式研究

张　琳　著

经济科学出版社出版、发行　新华书店经销
社址：北京市海淀区阜成路甲 28 号　邮编：100142
总编部电话：010 - 88191217　发行部电话：010 - 88191540
网址：www. esp. com. cn
电子邮箱：esp@ esp. com. cn
天猫网店：经济科学出版社旗舰店
网址：http://jjkxcbs. tmall. com
北京季蜂印刷有限公司印装
710 × 1000　16 开　9.25 印张　130000 字
2019 年 12 月第 1 版　2019 年 12 月第 1 次印刷
ISBN 978 - 7 - 5218 - 1144 - 5　定价：35.00 元
（图书出现印装问题，本社负责调换。电话：010 - 88191510）
（版权所有　侵权必究　打击盗版　举报热线：010 - 88191661
QQ：2242791300　营销中心电话：010 - 88191537
电子邮箱：dbts@ esp. com. cn）